これ1冊できちんと作れる！

手作りアクセサリー LESSON BOOK

NECKLACE
BRACELET
EARRINGS RING
HAIR ACCESSORY
ETC.

150
ITEMS

朝日新聞出版

ほんとうに着けたいアクセサリーを。

BASIC ITEM × ACCESSORIES

1.

BASIC ITEM :
白シャツ

×

ACCESSORIES :
シンプルアクセサリー

白シャツには控えめで華奢なアクセサリーを取り入れて、さりげない女性らしさを演出したい。天然石やアクリルビーズが、よい差し色に。

× [NECKLACE]

クリーンな白シャツには華奢アクセをオン

シンプルな白シャツは、主張しすぎないアクセサリーを取り入れて上品に。チョーカー風の作りなら、今っぽさも十分味わえる。ひっそりチェーンが見えるくらいまで、シャツの襟元を開けて。

⇨ P.36
⇨ HOW TO MAKE P.42

作ったはいいものの、なかなか着けないアクセサリーって多いもの。本書では本当に身に着けたくなるデザインばかりを掲載。いつもの服とのコーディネートと一緒に紹介します。

BASIC ITEM × ACCESSORIES

白シャツを引きしめる
ダークな色合いに夢中

繊細だけれど存在感があるので、シンプルなトップスに取り入れるだけで、ぐっとおしゃれな印象に。

▷ P.145
▷ HOW TO MAKE P.153

{ PIERCED EARRINGS }

細めバングル×天然石で
シンプルの中にも主張を

清潔感のある白シャツを合わせて、とことん上品に。袖はまくって手首を出し、女性らしさを演出して。

▷ P.72
▷ HOW TO MAKE P.82

{ BRACELET }

大きめクリスタルで
一層美しく女性らしく

天然石をリングに巻きつけた、シンプルながらも存在感のあるリング。ゴールドの金具でやさしくまとめて。

▷ P.73
▷ HOW TO MAKE P.84-85

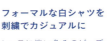

{ RING }

フォーマルな白シャツを
刺繍でカジュアルに

レースに淡い色みのビーズをプラスして、肌に溶け込むような感覚を味わえる。襟元を閉めて清楚に。

▷ P.15
▷ HOW TO MAKE P.24-25

{ PIERCED EARRINGS }

[BRACELET]

細めのブレスレットで
しなやかな手元を演出して

繊細な小粒のパールは、異なる素材のビーズと合わせて2連デザインに。デニムに合わせれば上品すぎず、可愛らしくまとまる。

⇨ P.73
⇨ HOW TO MAKE　P.83

[PIERCED EARRINGS]

2色のガラスパールで
コーデをカジュアルアップ

ホワイトとベージュのパールがつながったアクセサリーは、ゴールドの金具でまとめているので肌なじみも抜群。

⇨ P.86
⇨ HOW TO MAKE　P.98

[BRACELET]

じゃらじゃらパールで
デニムコーデを華やかに

異なるサイズのガラスパールが、メンズライクなデニムコーデを女性らしく華やかにしてくれる。星のチャームをプラスするひと手間が要。

⇨ P.48
⇨ HOW TO MAKE　P.56

BASIC ITEM : デニム × パールアクセサリー ACCESSORIES :

ひと粒で上品な印象を与えてくれるパール。カジュアルになりがちなデニムもパールを加えれば、レディな雰囲気をまとうことができる。

2.

BASIC ITEM × ACCESSORIES

3.

BASIC ITEM : Tシャツ

ACCESSORIES : 大ぶりアクセサリー

シンプルで飾り気のないカットソーには大きくて派手なアクセサリーがよく似合う。普段は着けないようなデザインにも挑戦してみて。

[EAR CUFF]

**無地Tシャツで
アクセを主役に**

大きなフラワーモチーフのイヤーアクセサリーは、顔回りを華やかにしてくれるアイテム。ヘアは耳にかけたり、アップスタイルで。

⇨ P. 91
⇨ HOW TO MAKE　P. 106-107

[BRACELET]

**メタル×パールで
シャツをぐっとおしゃれに**

パールの甘みと、メタルパーツの辛さのMIXが、シャツコーデを洗練された雰囲気に。3連になっているので、腕を華奢見せしてくれる効果も。

⇨ P. 34
⇨ HOW TO MAKE　P. 38

[BARRETTE]

**素材感と大胆なサイズが
シンプルコーデを格上げ**

○や△の単純な形を合わせたモチーフと、モノトーンの色の組合わせがおしゃれなバレッタは、フォトグラフィックTシャツを合わせてモードな印象に。

⇨ P. 111
⇨ HOW TO MAKE　P. 118

[PIERCED EARRINGS]

**リラックスコーデに
鮮やかな色みをプラス**

カラフルなシェルをレジンに閉じ込めたピアスは、ダークなカラーリングのトップスで存在感をアピール。同じ配色のボトムスで、セット感を楽しんで。

⇨ P.143
⇨ HOW TO MAKE　P.147

[BRACELET]

**大ぶりのブレスレットで
スエットを華やかに**

じゃらじゃら揺れる大ぶりパーツが、スエットから出る手首を細く見せてくれるブレスレット。袖をまくってすっきり着けるのがポイント。

⇨ P.69
⇨ HOW TO MAKE　P.78-79

[RING]

**カジュアルコーデに映える
小さなお花モチーフ**

小さなフラワーモチーフのリングなら、存在感を主張しつつ、コーディネートにしっかり溶け込むから不思議。

⇨ P.132
⇨ HOW TO MAKE　P.138

BASIC ITEM : スエット × ACCESSORIES : カラフルアクセサリー

4.

無地のスエットにはカラフルなアクセサリーをオン。大人らしくカラーを効かせれば、いつものコーデが華やかに、ぎゅっと引きしまる。

BASIC ITEM × ACCESSORIES

5.

BASIC ITEM : ブラウス
× ACCESSORIES : 異素材アクセサリー

品のよい襟付きのブラウスは、素材感のあるアクセサリーでエッジを効かせて。上品なだけでない、特別なコーディネートへと格上げ。

× [BRACELET]

スモーキーカラーを発色のよい赤で引きしめ

女性らしいブラウスには、あえて異素材でこなれ感を演出。ごろごろとしたデザインのパーツも、品よくまとまるからうれしい。

⇨ P.70
⇨ HOW TO MAKE P.80

× [HAIR ACCESSORY]

花柄とフラワーモチーフで女の子らしさ全開

とことんカジュアルでキュートなコーディネート。キッチュなデザインのアクセサリーも、柄もののブラウスならしっくりくる。

⇨ P.155
⇨ HOW TO MAKE P.162

× [NECKLACE]

淡いカラーのネックレスでしっとりと女性らしく

暖色系の布を使ったネックレスは、ブラウスと合わせて可憐で女性らしいコーディネートに。首元のリボンがアクセント。

⇨ P.113
⇨ HOW TO MAKE P.152

CONTENTS
HANDMADE ACCESSORIES
LESSON BOOK

ほんとうに着けたいアクセサリーを。——P.02

LESSON 1 はじめてさんは プチアクセ から

01 揺れるパールのピアス
作品 P.12 / レシピ P.18

02 アマゾナイトのスティックピアス
作品 P.13 / レシピ P.19

03 フラワーパールピアス
作品 P.13 / レシピ P.20

04 リーフと雨粒のブローチ
作品 P.13 / レシピ P.21

05 貼るだけのスワロフスキーネックレス＆リング
作品 P.14 / レシピ P.22

06 ガーネットのチェーンブレスレット
作品 P.14 / レシピ P.23

07 レースのピアス
作品 P.15 / レシピ P.24

08 パールパイプネックレス
作品 P.16 / レシピ P.26

09 ウッドパールのイヤリング
作品 P.16 / レシピ P.28

10・11 フェザーのシンプルネックレス / アシンメトリーのピアス
作品 P.16 / レシピ P.30
作品 P.16 / レシピ P.29

12 チェーンブレスレット
作品 P.17 / レシピ P.32

LESSON 2 エッジの効いた メタルパーツ で都会的に

01 メタルパーツとコットンパールのシンプルバングル
作品 P.34 / レシピ P.38

02 サザレビーズのラリエットネックレス
作品 P.35 / レシピ P.39

03 チョーカー風メタルネックレス
作品 P.36 / レシピ P.42

04 サークルヘアピン
作品 P.36 / レシピ P.40

06 ヒキモノリングとチェーンタッセルのピアス
作品 P.37 / レシピ P.44

07 メタルパーツとコットンパールのピアス
作品 P.37 / レシピ P.45

05 ○△□のチェーンリング
作品 P.36 / レシピ P.43

LESSON 3 女性らしさを底上げする パールアクセ

01 チェコビーズのイヤリングとパールのネックレス
作品 P.46 / レシピ P.52

02 淡水パールのロングネックレス
作品 P.47 / レシピ P.54

03 2wayパールアクセサリー
作品 P.48 / レシピ P.56

04 パールと星のバレッタ
作品 P.49 / レシピ P.58

06 パールと花のヘアコーム
作品 P.50 / レシピ P.62

05 パールの腕時計
作品 P.49 / レシピ P.60

07 コスチュームジュエリー風イヤリング
作品 P.51 / レシピ P.64

08 小粒パールとメタルパーツのイヤリング
作品 P.51 / レシピ P.57

LESSON 4 光を受けて輝くジュエリーのような 天然石アクセ

01 天然石とメタルスティックのピアス
作品 P.66 / レシピ P.74

02 天然石のバングル3種
作品 P.67 / レシピ P.75

03 アメジストとキャンディクォーツのリング
作品 P.68 / レシピ P.76

04 ローズウォーターオパールのワイヤーリング
作品 P.68 / レシピ P.77

05 マザーオブパールのクロスブレスレット
作品 P.69 / レシピ P.78

06 ビンテージビーズのブレスレット
作品 P.70 / レシピ P.80

07 クリスタルのトライアングルピアス
作品 P.71 / レシピ P.81

08 天然石とツユ型パールのバングル＆ピアス
作品 P.72 / レシピ P.82

09 天然石とパールの2連ブレスレット
作品 P.73 / レシピ P.83

10 クリスタルとワイヤーのリング＆バングル
作品 P.73 / レシピ P.84

LESSON 5 週末のための 大胆大ぶり アクセサリー

01 ビンテージ風パーツのイヤリング
作品 P.86 / レシピ P.92

02 2色のドロップストーンとコットンパールのピアス
作品 P.86 / レシピ P.98

03 フェザーの大ぶりピアス
作品 P.87 / レシピ P.94

04 アースカラーの大ぶりロングネックレス
作品 P.88 / レシピ P.96

05 アクリルビーズのキャンディブレスレット
作品 P.88 / レシピ P.99

06
ロザリオ風
ロングネックレス
作品 P.89 / レシピ P.100

07
しずく型の
エスニックピアス
作品 P.89 / レシピ P.101

08
ティラビーズのラダー
ワークブレスレット
作品 P.90 / レシピ P.102

09
丸小ビーズの
フリンジピアス
作品 P.90 / レシピ P.105

10
大きなお花の
イヤーカフ
作品 P.91 / レシピ P.106

11
カラフルな
花びらのイヤーカフ
作品 P.91 / レシピ P.108

LESSON 6 定番アイテムにひとひねり加える リボン&コード

01
トルコ石パーツの
平結びブレスレット
作品 P.110 / レシピ P.116

02
月と夕日の
バレッタ
作品 P.111 / レシピ P.118

03
ベルベットと
パールのバレッタ
作品 P.111 / レシピ P.119

04
三つ編みと
パールのブレスレット
作品 P.112 / レシピ P.120

05
ボタンとリボンの
カブトピンブローチ
作品 P.112 / レシピ P.121

06
ラッピング
ネックレス
作品 P.113 / レシピ P.122

07
ミニリボンの
ピアス
作品 P.114 / レシピ P.124

08
サテンのフリル
ピアス
作品 P.114 / レシピ P.125

09
ねじり編みの
ブレスレット
作品 P.115 / レシピ P.126

10
ダイヤレーンの
ブレスレット
作品 P.115 / レシピ P.128

11
毛糸とパールを詰めた
半球イヤリング
作品 P.115 / レシピ P.129

LESSON 7 描いたものをプラバンでそのままアクセに

01
アート
バレッタ
作品 P.130 / レシピ P.136

02
輪っかの
ブレスレット
作品 P.130 / レシピ P.134

03
カラフルボタンの
おもちゃピアス
作品 P.131 / レシピ P.137

04
フラワー
リング
作品 P.132 / レシピ P.138

05
ボーダー
ブローチ
作品 P.133 / レシピ P.139

06
ユリの
ピアス
作品 P.133 / レシピ P.140

LESSON 8 好きなものを詰め込んで固めて

01
フラワードーム
ピアス
作品 P.142 / レシピ P.146

02
トライアングル
シェルピアス
作品 P.143 / レシピ P.147

03
野球少年のピアス
作品 P.143 / レシピ P.148

04
球体ピアス&リング
作品 P.144 / レシピ P.149

05
ミニタイルの
サークルピアス
作品 P.144 / レシピ P.150

06
マーブルビジューの
ピアス
作品 P.144 / レシピ P.151

07
あじさいの
ピアス＆ネックレス
作品 P.145 / レシピ P.152

08
揺れる
花びらピアス
作品 P.145 / レシピ P.153

LESSON 9 自由な形の 粘土モチーフ アクセ

01
小鳥のブローチ
作品 P.154 / レシピ P.158

02
桜色の
イヤリング
作品 P.155 / レシピ P.159

03
白い花のピアス
作品 P.155 / レシピ P.160

04
赤い花のヘアゴム
作品 P.155 / レシピ P.162

05
モザイク
バレッタ
作品 P.156 / レシピ P.163

06
スワロフスキーの
ペンダントトップ
作品 P.157 / レシピ P.168

07
北欧風
三角ヘアゴム
作品 P.157 / レシピ P.166

08
三角ボーダーの
小さめブローチ
作品 P.157 / レシピ P.167

LESSON 10 基本 の道具・材料・テクニック

そろえておくべき基本の道具 ——— P.170
この本に登場する基本の材料 ——— P.172

【 基本テクニック 】
01 丸カン・Cカンの使い方 ——— P.180
02 三角カンの使い方 ——— P.180
03 Tピン・9ピンなどの使い方 ——— P.180
04 めがね留めの方法 ——— P.181
05 チャーム留めの方法 ——— P.182
06 チェーンのコマの広げ方 ——— P.182
07 パールの穴を
　　きれいにする方法 ——— P.182
08 ボールチップの使い方
　　（テグス） ——— P.183
09 ボールチップの使い方
　　（ナイロンコートワイヤー） ——— P.183
10 U字金具の使い方 ——— P.184
11 カシメ金具の使い方 ——— P.185
12 リボン留め金具の使い方 ——— P.185
13 ダイヤレーンの使い方 ——— P.185
14 シャワー台の留め方 ——— P.186
15 石座の留め方 ——— P.186
16 接着剤の塗り方 ——— P.186
17 ひもの編み方 ——— P.187

SHOP LIST ——— P.179　　贈るためのラッピング術 ——— P.189　　DESIGNER'S PROFILE ——— P.190

アイコンの見方

🕐 30分 ···· 制作にかかる作業時間を記載しています。
　　　　　　（習熟度によって個人差あり）

[貼る] [通す] [つなぐ] [縫う] [編む]
[焼く] [固める] [結ぶ] [巻きつける]
···· 作品を制作する際に必要な
基本のテクニックを記載しています。

材料表の見方

A 樹脂パール（しずく・7×13mm・ホワイト）— 2個
　　材料の名称　形　サイズ　色　必要な個数

本書で紹介している作品の総数には、色ちがいやアレンジ作品も含まれています。

HANDMADE ACCESSORIES LESSON BOOK

LESSON →1

はじめてさんは プチアクセ から

シンプルで作りやすいデザインや
プロセスが少ないかんたんなもの。
はじめてさんはここからスタートして。

01 🕐 10分 つなぐ

揺れるパールのピアス

華奢なチェーンが美しい
シンプルなピアス。
小さなパールをひと粒取り入れて
女性的なエレガンスをまとって。

HOW TO MAKE　P.18

LESSON ① はじめてさんはプチアクセから

ネックレス　ピアス・イヤリング　ブレスレット　リング　ヘアアクセサリー　ブローチ

02　⏱15分　つなぐ

アマゾナイトの
スティックピアス

発色のよい天然石でぐっと華やかに。
つなぐだけでできるかんたんピアス。

HOW TO MAKE P.19

03　⏱15分　通す

フラワーパールピアス

テグスで留めつけるだけの
座金を花に見立てたフェミニンなデザイン。

HOW TO MAKE P.20

04　⏱20分　貼る　つなぐ

リーフと雨粒のブローチ

少ないプロセスで作れるブローチ。
日常使いしやすいサイズも魅力。

HOW TO MAKE P.21

06 ⏱ 20分 [つなぐ]

**ガーネットの
チェーンブレスレット**

シンプルで華奢なブレスレットは
重ね着けにもぴったり。
天然石のカラーで個性を主張して。

HOW TO MAKE **P.23**

05 ⏱ 各10分 [つなぐ] [貼る]

**貼るだけのスワロフスキー
ネックレス＆リング**

専用の石座や台つきのリング金具に
スワロフスキーを貼れば完成。
好きな色の石を組み合わせて作って。

HOW TO MAKE **P.22**

LESSON ① はじめてさんはプチアクセから　ネックレス　ピアス・イヤリング　ブレスレット　リング　ヘアアクセサリー　ブローチ

07　⏱30分　つなぐ

レースのピアス

レースならではの温かみが
ロマンチックな雰囲気のピアス。
レースは形もカラーも豊富なので
相性のよいビーズを探して。

HOW TO MAKE P.24-25

08 ⏱ 30分 [通す] [つなぐ]

パールパイプネックレス

品よく並んだコットンパールが
カジュアルながらもレディな印象のネックレス。
メタルパーツがアクセントに。

HOW TO MAKE **P.26-27**

09 ⏱ 15分 [つなぐ]

ウッドパールのイヤリング

独特な素材感が魅力のウッドパール。
大ぶりなのにどこか上品なのは
パール加工が施されているから。

HOW TO MAKE **P.28**

10 ⏱ 60分 [つなぐ]

フェザーの
シンプルネックレス

パステルカラーのフェザーと
華奢なカラフルチェーンが
乙女心をくすぐるネックレス。

HOW TO MAKE **P.30-31**

11 ⏱ 30分 [つなぐ]

アシンメトリーのピアス

左右で違うデザインのピアスは
シンプルだけど存在感は抜群。
フェミニンな横顔を演出できる。

HOW TO MAKE **P.29**

12 ⏱ 30分 〔つなぐ〕

チェーンブレスレット

重ね着け気分を楽しめる
カラフルなチェーンブレスレットは
アジャスターに忍ばせた
星のチャームがいいアクセントに。

HOW TO MAKE P.32-33

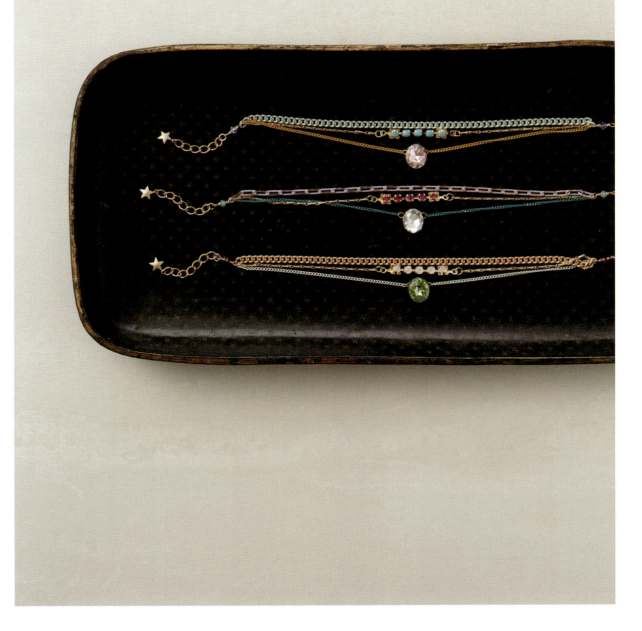

01　揺れるパールのピアス

⇨ P.12

パーツを作る

1

B　デザインピン
A　ガラスパール

デザインピンにガラスパールを通して先を丸めたパーツを作る（⇨ P.180-3）。

全体をつなぐ

2

C　ピアス金具

1のデザインピンのカンを開き、ピアス金具のチェーンの端をつないでカンを閉じる（⇨ P.180-1）。

3

D　ピアスキャッチ

ピアス金具の付属のキャッチを、パールのピアスキャッチに取り替えて使う。もう片耳分も同様に作る。

Q & A

Q デザインピンを丸めながら金具を通してはいけないの？

A 1で丸めたデザインピンを2では再び開いて金具を通しています。これは、落ち着いてきれいなパーツを作るため。慣れてきたら、パーツをつなぎながらピンを丸めるなど、効率化を図っても。

POINT

ピアスのキャッチでアレンジを楽しむ

ピアス金具は様々なタイプが市販されています。なかでも注目したいのが、ピアスのキャッチ。このページの作品で使用したパールの穴にそのままピアスのキャッチを差し込むタイプのものや、キャッチ側にワンポイントのあるデザインなど多数。組み替えてアレンジしてみましょう。

完成サイズ：長さ約4.5cm

使用する材料

[ホワイト]

A　ガラスパール（ラウンド・10mm・ホワイト）──── 2個
B　デザインピン（0.6×30mm・ゴールド）──── 2本
C　ピアス金具（アメリカンピアス・ゴールド）──── 1セット
D　ピアスキャッチ（パール・ホワイト）──── 1セット

[グレー]

A　ガラスパール（ラウンド・10mm・グレー）──── 2個
B　デザインピン（0.6×30mm・ゴールド）──── 2本
C　ピアス金具（アメリカンピアス・ゴールド）──── 1セット
D　ピアスキャッチ（パール・グレー）──── 1セット

使用する道具

平やっとこ／丸やっとこ／ニッパー

[ホワイト]

C　ピアス金具
D　ピアスキャッチ
A　ガラスパール
B　デザインピン

[グレー]

---

memo　慣れてきたら、ピアスやイヤリングは両耳分のパーツを一度に作るなど、工程ごとまとめて作ると効率的。

02 アマゾナイトのスティックピアス

⇨ P.13

パーツを作る

1
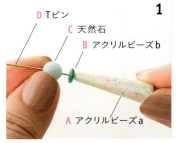

- D Tピン
- C 天然石
- B アクリルビーズb
- A アクリルビーズa

Tピンにアクリルビーズa、b、天然石の順にビーズを通す。

↓

2

1のTピンの先を丸めてパーツを作る（⇨ P.180-3）。

全体をつなぐ

3

- E ピアス金具

2のTピンのカンを開き、ピアス金具をつなぐ。

↓

4

- F ピアスキャッチ

ピアスキャッチとセットで使用する。もう片耳分も同様に作る。

完成サイズ：長さ約5.5cm

使用する材料

- A アクリルビーズa（スティック・32×8mm・アイボリーフレーク）―― 2個
- B アクリルビーズb（フラット・6mm・グリーン）―― 2個
- C 天然石（ラウンド・8mm・アマゾナイト）―― 2個
- D Tピン（0.8×65mm・ゴールド）―― 2本
- E ピアス金具（U字ピアス・ゴールド）―― 1セット
- F ピアスキャッチ（シリコンゴム）―― 1セット

使用する道具

平やっとこ／丸やっとこ／ニッパー

- E ピアス金具
- F ピアスキャッチ
- D Tピン
- C 天然石
- B アクリルビーズb
- A アクリルビーズa

Q & A

Q 材料表と違うサイズのピンを使ってもよいの？

A ピンには、太さや長さの種類がたくさんあります。指定外のサイズを使うと強度やデザインに問題が出ることも。通すビーズの穴に対してアンバランスでないか、通したときに長さが1cm以上残るかをチェックしましょう。また、大ぶりなパーツをTピンや9ピンなどのピン類を通して使う場合、しっかりと太さのあるものを選ぶようにすると◎。

memo　Tピンを丸めたときのピンの向きとピアス金具をつなぐときのピンの向きは、両耳ともそろえると仕上がりがきれいに見えます。

03　フラワーパールピアス

⇨ P.13

ビーズを通す

1

A コットンパール

テグス25cmの中心にコットンパールを1個通す。

↓

2

B 座金

1を座金に入れ、座金の花びらの隙間にテグスをひっかけて裏に回す。

↓

3

固結び

座金の裏でテグスを合わせ、固結びをする。

金具に留める

4

C ピアス金具のシャワー

片方のテグスをピアス金具のシャワーの穴に通し、もう片方のテグスを真向かいの穴に通す。

↓

5

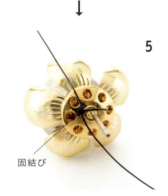

固結び

シャワーの裏でテグスを合わせ、固結びをする。

↓

6

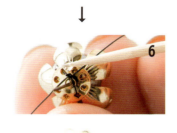

結び目につまようじで接着剤を塗り、2〜3mm残してテグスをカットしてシャワーに貼る。もう片方も同様に作る。

完成サイズ：横1.5×縦1.5cm

使用する材料

[グレー]

- A コットンパール（ラウンド・10mm・グレー）──── 2個
- B 座金（フラワー・10mm・ゴールド）──── 2個
- C ピアス金具（シャワーつき・ゴールド）──── 1セット
- D テグス（3号・クリア）──── 25cm×2本

[ホワイト]

- A コットンパール（ラウンド・10mm・ホワイト）──── 2個
- B 座金（フラワー・10mm・ゴールド）──── 2個
- C ピアス金具（シャワーつき・ゴールド）──── 1セット
- D テグス（3号・クリア）──── 25cm×2本

[ベージュ]

- A コットンパール（ラウンド・10mm・ベージュ）──── 2個
- B 座金（フラワー・10mm・ゴールド）──── 2個
- C ピアス金具（シャワーつき・ゴールド）──── 1セット
- D テグス（3号・クリア）──── 25cm×2本

使用する道具

はさみ／接着剤／つまようじ

[グレー]

A コットンパール
D テグス
C ピアス金具
B 座金

[ホワイト]　[ベージュ]

※ プロセスでは、テグスの色を黒に変えて制作しています。

---

memo　この作品のテグスは25cmとやや短め。扱いにくいと感じたら、長めに使用してもOK。作りやすさに合わせて臨機応変に。

04 リーフと雨粒のブローチ

⇨ P.13

パールを貼る

1

E メタルパーツ

メタルパーツの芯立て3カ所につまようじで接着剤を塗る。

↓

2

A 樹脂パールa　C コットンパール　B 樹脂パールb

写真のように、樹脂パールa、b、コットンパールの穴を芯立てに差し込み、固定する。

↓

3

メタルパーツの端のカン部分と、2で固定した樹脂パールbの横につまようじで接着剤を塗り、樹脂パールaを2個貼る。

パーツを作る

4
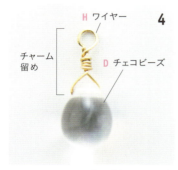

H ワイヤー　D チェコビーズ　チャーム留め

ワイヤーでチェコビーズをチャーム留めし、パーツを作る（⇨ P.182-5）。

パーツをつなぐ

5

F 丸カン

メタルパーツの裏側のカンに、4のパーツを丸カンでつなぐ（⇨ P.180-1）。

金具を貼る

6

全面に塗る　G ブローチ金具

ブローチ金具につまようじで接着剤を塗り、メタルパーツの裏に貼る。

完成サイズ：横4×縦2cm

使用する材料

- A 樹脂パールa（片穴・ラウンド・4mm・クリーム）── 3個
- B 樹脂パールb（片穴・ラウンド・6mm・クリーム）── 1個
- C コットンパール（片穴・ラウンド・8mm・キスカ）── 1個
- D チェコビーズ（横穴・ドロップ・8mm・クリスタルAB）── 1個
- E メタルパーツ（リーフ裏カンつき・17×36×2.5mm・ゴールド）── 1個
- F 丸カン（0.6×3mm・ゴールド）── 1個
- G ブローチ金具（回転式・20mm・ゴールド）── 1個
- H ワイヤー（0.3mm・ゴールド）── 8cm×1本

使用する道具

平やっとこ／丸やっとこ／ニッパー　接着剤／つまようじ

A 樹脂パールa　C コットンパール　B 樹脂パールb　F 丸カン　G ブローチ金具　E メタルパーツ　D チェコビーズ　H ワイヤー

E メタルパーツと同じ材料が手に入らないときは、ブローチ金具に合わせたデザインのパーツを選びましょう。

memo　接着剤を塗る前に「芯立て」にパールを試しに差してみましょう。長ければ芯立てをニッパーで切って調整を。

05　貼るだけのスワロフスキーネックレス＆リング

⇨ P.14

― リング ―

パーツを貼る

1
C リング金具

リング金具の片側の6個の穴に、つまようじで接着剤を塗る。

↓

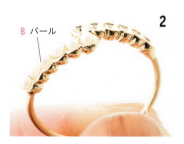

2
B パール

パールをリング金具の穴に1個ずつのせて固定する。反対側の穴にも同様につまようじで接着剤を塗り、スワロフスキーをのせて固定する。
※大粒リング、フォークリングは写真を参考に、リング台に接着剤を塗り、ビーズを貼る。

― ネックレス ―

全体をつなぐ

1
B 石座
A スワロフスキー

石座にスワロフスキーをのせてツメを倒す（⇨ P.186 - 15 ）。

↓

2
D 丸カン
C ジョイントパーツ
G チェーン

ジョイントパーツに丸カンで**1**をつなぐ。もう片側には、チェーン40cmの中心を通した丸カンをつなぐ。チェーンの両端に丸カンで、それぞれアジャスターとカニカンをつなぐ。

[パールリング]
A パール
B スワロフスキー
C リング金具

[大粒リング]
A スワロフスキー
B リング金具

[フォークリング]
B スワロフスキー
A コットンパール
C リング金具

[ネックレス]
D 丸カン
E カニカン
F アジャスター
G チェーン
D 丸カン
C ジョイントパーツ
B 石座
A スワロフスキー

完成サイズ：
ネックレス／首回り42cm
リング／すべてフリーサイズ

使用する材料

[ネックレス]
A スワロフスキー（#4470・10mm・ホワイトオパール）――― 1個
B 石座（#4470用カンつき・10mm・ゴールド）――― 1個
C ジョイントパーツ（レクタングル石つき・ゴールド×クリスタル）――― 1個
D 丸カン（0.6×3mm・ゴールド）――― 4個
E カニカン（ゴールド）――― 1個
F アジャスター（ゴールド）――― 1個
G チェーン（ゴールド）――― 40cm×1本

[パールリング]
A パール（無穴・ラウンド・2mm・ホワイト）――― 6個
B スワロフスキー（#2058・144C・クリスタル）――― 6個
C リング金具（フォークリング空枠・ゴールド）――― 1個

[大粒リング]
A スワロフスキー（#4470・10mm・シャム）――― 1個
B リング金具（#4470用・10mm・ゴールド）――― 1個

[フォークリング]
A コットンパール（片穴・ラウンド・8mm・ホワイト）――― 1個
B スワロフスキー（#86 301・片穴・8mm・クリスタル）――― 1個
C リング金具（フォークリング両側お椀つき・ゴールド）――― 1個

使用する道具

平やっとこ／丸やっとこ／接着剤
つまようじ

memo　リング金具の穴はビーズのサイズに合わせて作られています。購入する際は、きちんと品番がそろっているか確認しましょう。

06 ガーネットのチェーンブレスレット

⇨ P.14

完成サイズ：手首回り17.5cm

使用する材料

- A 特小ビーズ（ゴールド）──── 1個
- B 天然石（スクエア・4mm・ガーネット）──── 2個
- C メタルビーズ（2.5mm・ゴールド）──── 1個
- D Tピン（0.5×14mm・ゴールド）──── 2本
- E Cカン（0.55×3.5×2.5mm・ゴールド）──── 2個
- F クラスプ（ゴールド）──── 1セット
- G チェーン（ゴールド）──── 16cm×1本

使用する道具

平やっとこ／丸やっとこ／ニッパー

パーツを作る

1

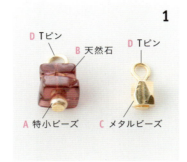

Tピンに特小ビーズと天然石、メタルビーズをそれぞれ通し、先を丸めたパーツを作る（⇨ P.180-3）。

パーツをつなぐ

2

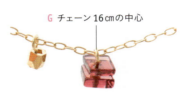

チェーンを1のパーツに通し、チェーンの中心まで送る。メタルビーズのパーツを通す。

全体をつなぐ

3

クラスプを外し、2つに分ける。Cカンでチェーンの片側にクラスプの一方をつなぐ。

↓

4

チェーンの反対側にも3と同様に、Cカンでクラスプをつなぐ。

POINT

小さい天然石は穴の位置をチェック

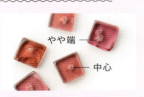

天然石の形は石によって様々。穴が中心寄りにあいているものを選ぶようにして。端に穴があるものは、割れてしまうことがあるので注意。

ARRANGE

天然石の色次第で雰囲気がガラッと変わる

つなげる天然石をターコイズにすれば、一気にクールな印象に変わります。いろいろな天然石に変えてみて。

memo　チェーンは様々なデザインのものが販売されています。この作品はオーソドックスですが、よりデザイン性のあるものにしても◎。

07 レースのピアス

⇨ P.15

=== ブラック ===

パーツをつなぐ

1の片側のカシメ金具に2のパーツをつなぐ。

↓

もう一方のカシメ金具にピアス金具をつなぐ。もう片耳分は左右対称になるように、モチーフの向きを裏表に変えて作る。

パーツを作る

モチーフレースを1模様分はさみでカットし、両端にカシメ金具をつける（⇨ P.185-11）。

↓

Tピンにチェコビーズを通して先を丸めたパーツを作る（⇨ P.180-3）。

完成サイズ：ブラック／長さ5cm
ブラウン／長さ5cm
ベージュ／長さ4.5cm

使用する材料

[ブラック]
- A チェコビーズ（ドロップカット・7×5mm・ブロンズ） —— 2個
- B モチーフレース（リーフ・ブラック） —— 2模様分
- C Tピン（0.5×14mm・ゴールド） —— 2本
- D カシメ金具（1.5mm・ゴールド） —— 4個
- E ピアス金具（フック式・ゴールド） —— 1セット

[ブラウン]
- A チェコファイアポリッシュ（8mm・ブラウン） —— 2個
- B タティングレースモチーフ（ブラウン） —— 2個
- C Tピン（0.5×14mm・ゴールド） —— 2本
- D Cカン（0.55×3.5×2.5mm・ゴールド） —— 2個
- E ピアス金具（フック式・ゴールド） —— 1セット

[ベージュ]
- A チェコビーズ（ドロップ・4×6mm・ブラウン） —— 2個
- B タティングレースモチーフ（ベージュ） —— 2個
- C Cカン（0.55×3.5×2.5mm・ゴールド） —— 2個
- D 三角カン（0.6×5mm・ゴールド） —— 2個
- E ピアス金具（フック式・ゴールド） —— 1セット

使用する道具

はさみ／平やっとこ／丸やっとこ／ニッパー

memo　レースには、表と裏がはっきりわかるものがあります。両耳分の向きがそろうように注意して作ればワンランク上の仕上がりに。

3
E ピアス金具

2の隣のピコに、ピアス金具をつなぐ。もう片耳分は左右対称になるように、モチーフの向きを裏表に変えて作る。

Q&A

Q ピコってなに？

A レースの編み目の端に突き出している輪っかの形をした糸のこと。金具を引っかけるのに適している。

=== ベージュ ===

パーツを作る

1
D 三角カン
A チェコビーズ

三角カンにチェコビーズを通してパーツを作る。

パーツをつなぐ

2
C Cカン
ピコ
B タティングレースモチーフ

1のパーツの三角カンと、タティングレースモチーフの端のピコを、Cカンでつなぐ（⇨P.180-[1]）。

=== ブラウン ===

パーツを作る

1
C Tピン
A チェコファイアポリッシュ

Tピンにチェコファイアポリッシュを通して先を丸めたパーツを作る（⇨P.180-[3]）。

パーツをつなぐ

2
D Cカン
B タティングレースモチーフ

タティングレースモチーフの端にCカンで1のパーツをつなぐ。

3
E ピアス金具

2の対角部分にピアス金具をつなぐ。もう片耳分も同様に作る。

POINT

バリエーション豊富なレースのデザインを楽しむ

市販のレースはモチーフ1つから、レーステープとして何連にもなっているものなど多数。布やリボンを取り扱う手芸店やネットショップで探すことができます。サイズや模様が幅広く、最近では発色のよいカラーの展開も。合わせるビーズによっても雰囲気が変わるので、いろいろなバリエーションを楽しめるのが魅力。

---

memo　丸カンは前後に開くのに対して、三角カンは左右に開きます。詳しくは、P.180の基本テクニックの解説を確認しておきましょう。

08 パールパイプネックレス

⇨ P.16

ビーズを通す

1

H AW（5cm残す）
A コットンパール
B メタルパーツ

AWの端を5cm残してマスキングテープで留め、AWにメタルパーツ、コットンパール7個を通す。

↓

2

全体を輪にして、長い方のAWにコットンパールをもう一度通す。

3

メタルパーツのカーブが内側に向くように整える。

↓

4
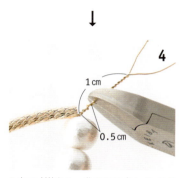
1cm
0.5cm

2本のAWを1cm分ねじり合わせ、0.5cmのところでニッパーでカットする。

完成サイズ：モチーフ長さ6cm
ネックレス長さ66cm

使用する材料

A コットンパール（ラウンド・8mm・ホワイト）——— 7個
B メタルパーツ（曲パイプ・2.2×46mm・ゴールド）——— 1個
C 丸カン（0.7×5mm・ゴールド）——— 4個
D ボールチップ（ゴールド）——— 2個
E カニカン（ゴールド）——— 1個
F アジャスター（ゴールド）——— 1個
G AW［アーティスティックワイヤー］（#26・ノンターニッシュゴールド）——— 35cm×1本
H チェーン（ゴールド）——— 30cm×2本
I テグス（3号・クリア）——— 20cm×2本

使用する道具

平やっとこ／丸やっとこ／ニッパー
接着剤／マスキングテープ
つまようじ

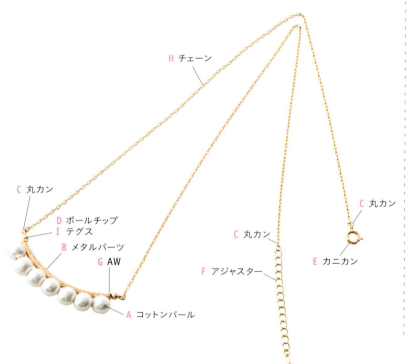

C 丸カン
D ボールチップ
I テグス
B メタルパーツ
G AW
A コットンパール
H チェーン
C 丸カン
C 丸カン
E カニカン
F アジャスター

※プロセスでは、テグスの色を黒に変えて制作しています。

LESSON ① はじめてさんはプチアクセから　　ネックレス　ピアス・イヤリング　ブレスレット　リング　ヘアアクセサリー　ブローチ

> パーツをつなぐ

11

10で開いたボールチップのカンにそれぞれ丸カンとチェーンをつなぐ。

↓

12

チェーンの端には丸カンでカニカン、反対側には丸カンでアジャスターをそれぞれつなぐ。

8

反対側も同じように、テグスをボールチップで始末する。

↓

9

テグスを処理したボールチップのカンを閉じる。

↓

10

メタルパーツの中に接着剤を流し込んで中に通っているAWを固定する。

5

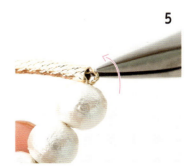

カットしたAWの先端を、平やっとこでメタルパーツの中に押し入れて隠す。

↓

6

メタルパーツをくるりと回し、カーブがコットンパールに沿うように整える。

↓

7

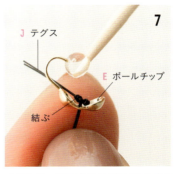

メタルパーツの中にテグス20cmを2本通して、端をボールチップで始末する（⇨P.183-⑧）。

memo　この作品でデザインのキーとなる曲パイプ。デザイン・色・サイズともに多数あるので、好きなものに変えても◎。

09 ウッドパールのイヤリング

▷ P.16

パーツをつなぐ

1
- C Tピン
- B ウッドパール
- C Tピン
- A 樹脂パール

Tピンにパールを通して先を丸めたパーツを、1個ずつ作る（▷P.180-③）。

↓

2

1で作った片方のパーツのTピンのカンを開き、2つのパーツをつなぐ（▷P.180-①）。

仕上げる

3
- D イヤリング金具

イヤリング金具の平皿全体に、つまようじで薄く接着剤を塗る（▷P.186-⑯）。

↓

4

2のウッドパールの裏側のやや上側に、イヤリング金具を貼る。もう片耳分も同様に作る。

完成サイズ：モチーフ長さ4cm

使用する材料

[パープル]

- A 樹脂パール（シズク・7×13mm・ホワイト）——— 2個
- B ウッドパール（スクエア・16×24mm・パープル）——— 2個
- C Tピン（0.7×20mm・ゴールド）——— 4本
- D イヤリング金具（平皿・10mm・ゴールド）——— 1セット

[シャンパン]

- A 樹脂パール（ラウンド・6mm・ホワイト）——— 2個
- B ウッドパール（スクエア・16×24mm・シャンパン）——— 2個
- C Tピン（0.7×20mm・ゴールド）——— 4本
- D イヤリング金具（平皿・10mm・ゴールド）——— 1セット

使用する道具

平やっとこ／丸やっとこ
ニッパー／接着剤／つまようじ

[パープル]

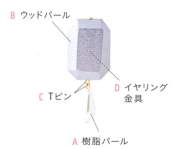
- B ウッドパール
- C Tピン
- D イヤリング金具
- A 樹脂パール

[シャンパン]

POINT

形やサイズ、色を変えて自分好みにアレンジ

樹脂パールをラウンド型に変更すると、ゴージャスなシズク型と比べて小ぶりで愛らしい雰囲気になります。ビーズの形や大きさで、好みの印象にアレンジしましょう。

memo　ウッドパールとは、ウッド素材のビーズにパール加工をしたビーズで、とても軽いのが特徴。大ぶりの作品を作るときにおすすめ。

11 アシンメトリーのピアス

⇨ P.16

パーツを作る

1

G AW
A ローズクォーツ

ローズクォーツにAWを通し、チャーム留めをする（⇨ P.182-5）。

↓

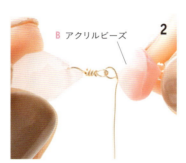

2

B アクリルビーズ

別のAWにマザーオブパール、メタルパーツ、アクリルビーズを通して1のカンに輪をつなぎ、めがね留めをする（⇨ P.181-4）。

パーツをつなぐ

3

F ピアス金具
縦になる
E メタルパーツ
C マザーオブパール
横になる

ピアス金具のカンを開き、2のめがね留めのカンを通す。このとき、ピアス金具につないだカンが縦になるように平やっとこで整える。[ショート]のでき上がり。

パーツを作る

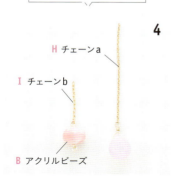

4

H チェーンa
I チェーンb
B アクリルビーズ

ローズクォーツにAWを通し、チェーンaをつなぎながらチャーム留めをする。アクリルビーズにAWを通し、チェーンbをつなぎながらめがね留めをする。

↓

5

D 水晶

別のAWにマザーオブパール、メタルパーツ、水晶を通して4のチェーン2本を通してからめがね留めをする。

パーツをつなぐ

6

ピアス金具のカンを開き、5のめがね留めのカンを通す。[ロング]のでき上がり。

完成サイズ：ショート／長さ3.5cm
ロング／長さ6.5cm

使用する材料

A ローズクォーツ（シズク横穴・12×9mm）──── 2個
B アクリルビーズ（7×9mm・コーラルピンク）──── 2個
C マザーオブパール（ラウンド・4mm・ホワイト）──── 2個
D 水晶（ボタンカット・6mm）──── 1個
E メタルパーツ（デイジー・4mm・ゴールド）──── 2個
F ピアス金具（釣針・ゴールド）──── 1セット
G AW[アーティスティックワイヤー]（#26・ノンターニッシュブラス）──── 8cm×5本
H チェーンa（ゴールド）──── 4cm×1本
I チェーンb（ゴールド）──── 2cm×1本

使用する道具

平やっとこ／丸やっとこ／ニッパー

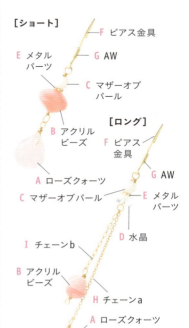

[ショート]
F ピアス金具
E メタルパーツ
G AW
C マザーオブパール
B アクリルビーズ
A ローズクォーツ

[ロング]
F ピアス金具
G AW
C マザーオブパール
E メタルパーツ
D 水晶
I チェーンb
B アクリルビーズ
H チェーンa
A ローズクォーツ

memo　チャーム留めは、アクセサリーのデザイン性をぐっと高めてくれるテクニック。作品を作る前に何度か練習しておきましょう。

10 フェザーのシンプルネックレス

⇨ P.16

パーツを作る

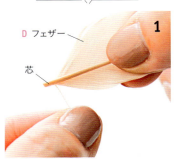

1 フェザーの根元の羽を取り除き、芯を1cm分出す。

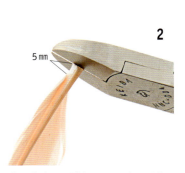

2 芯の先を5mm残してニッパーでカットする。

完成サイズ：首回り59cm
モチーフ長さ18.5cm

使用する材料

- A スワロフスキー（#5328・4mm・クリスタル） —— 8個
- B 水晶a（ラウンド・フロスト加工・6mm） —— 1個
- C 水晶b（ラウンド・8mm） —— 1個
- D フェザー（7cm・オレンジ） —— 1枚
- E メタルビーズ（ソロバン・4mm・ゴールド） —— 3個
- F メタルパーツ（枝・ゴールド） —— 1個
- G 花座（6mm・ゴールド） —— 1個
- H 丸カンa（0.6×3mm・ゴールド） —— 1個
- I 丸カンb（0.6×4mm・ゴールド） —— 2個
- J 丸ピン（0.6×30mm・ゴールド） —— 2本
- K カシメ金具（2mm・ゴールド） —— 1個
- L カニカン（ゴールド） —— 1個
- M アジャスター（ゴールド） —— 1個
- N AW[アーティスティックワイヤー]（#26・ノンターニッシュブラス） —— 7cm×5本
- O チェーンa（玉つき・ゴールド） —— 7cm×1本、26cm×1本、26.5cm×1本
- P チェーンb（水色） —— 11.5cm×1本、26cm×1本、26.5cm×1本

使用する道具

平やっとこ／丸やっとこ／ニッパー

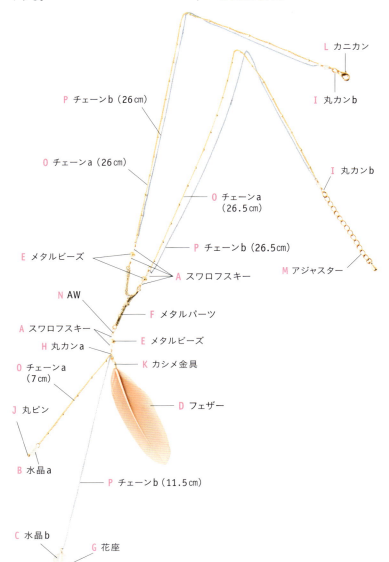

全体をつなぐ

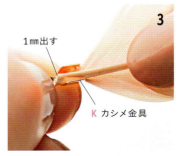

3
1mm出す
K カシメ金具

フェザーの先端を1mm出して、カシメ金具にのせる。

↓

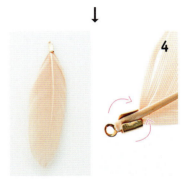

4

平やっとこでカシメ金具を片側ずつ押さえて、固定する（⇨P.185-[11]）。

↓

5
（あ） J 丸ピン
（い） C 水晶b
B 水晶a
G 花座
J 丸ピン

丸ピンに水晶aを通して先を丸めたパーツ（あ）、花座と水晶bを通して先を丸めたパーツ（い）を作る（⇨P.180-[3]）。

↓

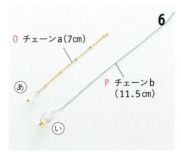

6
O チェーンa（7cm）
（あ）
P チェーンb（11.5cm）
（い）

チェーンa・7cmの先端に5のパーツ（あ）を、チェーンb・11.5cmの先端にパーツ（い）をつなぐ。

↓

7
F メタルパーツ
E メタルビーズ
A スワロフスキー

6のチェーン2本の反対側の先端にAWを通して輪にし、スワロフスキーとメタルビーズを通し、めがね留めでメタルパーツとつなぐ（⇨P.181-[4]）。

↓

8
O チェーンa
P チェーンb
（26cm）
O チェーンa
P チェーンb
（26.5cm）

メタルパーツの残りの2カ所のカンにもAWを通し、7と同様にビーズをめがね留めでつなぐ。めがね留めの片側のカンには右側に26.5cmのチェーンa・bを、左側に26cmのチェーンa・bをつなぐ。

↓

9
A スワロフスキー

8のチェーンの反対側にそれぞれAWを通して、スワロフスキーをめがね留めでつなぐ。

↓

10
L カニカン
I 丸カンb
M アジャスター

9のめがね留めの反対側のカンに、丸カンbでカニカン・アジャスターをそれぞれつなぐ。

↓

11
H 丸カンa

7でチェーンにつないだめがね留めのカンに、4で作ったフェザーのパーツを丸カンaでつなぐ。

memo　フェザーは劣化しやすいので、完成させた作品を使用しているうちに毛羽だちが気になったら、パーツを入れ替えて長く使って。

12 チェーンブレスレット

⇨ P.17

パーツをつなぐ

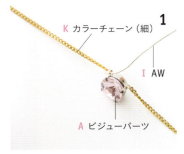

1
K カラーチェーン（細）
I AW
A ビジューパーツ

ビジューパーツの上側の穴にAWを通し、カラーチェーン（細）をつなぎながら両端をめがね留めする（⇨ P.181-4）。

2

両端をめがね留めしたところ。めがね留めで作ったカンは左右対象になるようにすると◎。

完成サイズ：手首回り17cm

使用する材料
[ピンク]

- A ビジューパーツ（ガラス台座つき・8×10mm・ピンク） ——— 1個
- B スワロフスキー（#5328・4mm・アレキサンドライト） ——— 2個
- C チャーム（星・ゴールド） ——— 1個
- D 丸カン（0.5×3mm・ゴールド） ——— 4個
- E カニカン（ゴールド） ——— 1個
- F アジャスター（ゴールド） ——— 1個
- G ダイヤレーン（#110・2mm・ターコイズ×ゴールド） — 5石分
- H チェーンエンド（#110用・ゴールド） ——— 2個
- I AW［アーティスティックワイヤー］（#28・ノンターニッシュブラス） ——— 8cm×3本
- J チェーン（ゴールド） 5.5cm×2本
- K カラーチェーン（細・イエロー） 6.5cm×2本
- L カラーチェーン（太・ターコイズ） 14.5cm×1本

※【クリスタル】を作る場合は、Aをクリスタル、Bをミントアラバスター、Gをフューシャ×ゴールド、Kをブルー、Lをパープルに変えて制作しています。
【グリーン】を作る場合は、Aをグリーン、Bをフューシャ、Gをホワイトオパール×ゴールド、Kをシルバー、Lをベージュに変えて制作しています。

使用する道具
平やっとこ／丸やっとこ／ニッパー

[ピンク]

F アジャスター
D 丸カン
B スワロフスキー
D 丸カン
E カニカン
C チャーム
L カラーチェーン（太）
J チェーン
K カラーチェーン（細）
I AW
A ビジューパーツ
D 丸カン
D 丸カン
H チェーンエンド
G ダイヤレーン

memo めがね留めとチャーム留めの違いはワイヤーでパーツの上下にカンを作るか、上部だけにカンを作るかです。

7

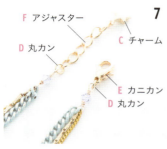

6のめがね留めの輪に、丸カンでカニカン、アジャスターをそれぞれつなぐ。アジャスターの先端には、平やっとこでチェーンのコマを開いてチャームをつなぐ。

5

4のチェーンエンドに、丸カンでチェーンをつなぐ。

↓

6

1のカラーチェーン（細）と5のチェーン、カラーチェーン（太）の端をまとめてAWを通し、めがね留めでスワロフスキーをつなぐ。チェーンのもう片端も同様につなぐ。

3

ダイヤレーンの端の石をチェーンエンドにのせ、平やっとこでツメを倒す（⇨ P.185 - 13）。

↓

4

反対側も同じ様にチェーンエンドを取りつける。

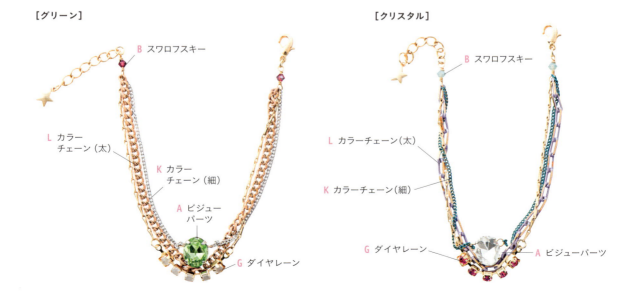

[グリーン]　　　　　　[クリスタル]

memo　ダイヤレーン（連爪）は、チェーンに石がはめこまれたもので10〜20cmほどの長さで売られています。ニッパーで切り分けて使用しましょう。

01 ⏱30分 [通す]

**メタルパーツとコットンパールの
シンプルバングル**

ゆるやかにカーブしたパイプ型のメタルパーツは
アクセサリーに絶妙な丸みをもたせてくれる。
間にパールを通せば
女性らしいバングルのでき上がり。

HOW TO MAKE P.38

HANDMADE ACCESSORIES LESSON BOOK

LESSON →2

エッジの効いた メタルパーツ で都会的に

無機質なメタリックの素材は、
洗練された大人っぽさを漂わせる。
ビーズと合わせて個性をアピール。

LESSON ② エッジの効いたメタルパーツで都会的に

ネックレス　ピアス・イヤリング　ブレスレット　リング　ヘアアクセサリー　ブローチ

02　30分　つなぐ

サザレビーズの
ラリエットネックレス

サザレ型のメタルビーズを
チェーンにつなげたネックレス。
シンプルなトップスにさらりと着ければ
たちまちこなれた印象に。

HOW TO MAKE　P.39

03　30分　つなぐ　通す

チョーカー風メタルネックレス

個性的な2連のネックレスは
チョーカーとチェーンで今っぽいデザインに。
小粒のメタルビーズがポイント。

HOW TO MAKE　P.42

04　60分　巻きつける

サークルヘアピン

ビーズやパーツをワイヤーで巻きつけて作る
華やかで大きなヘアピン。
コーディネートのアクセントに。

HOW TO MAKE　P.40-41

05　30分　つなぐ

○△□のチェーンリング

3種の異なるメタルフープをつなげるだけで
個性的なチェーンリングに。
ちょっと奇抜に思えるデザインも
金具の色を合わせれば上品な印象。

HOW TO MAKE　P.43

LESSON ② エッジの効いたメタルパーツで都会的に

ネックレス　ピアス・イヤリング　ブレスレット　リング　ヘアアクセサリー　ブローチ

07　　07

07　⏱30分　貼る　つなぐ

メタルパーツと
コットンパールのピアス

メタルパーツは接着剤で貼るだけで
異なる形を生み出すことができる。
小さいパールで女性らしさをプラスして。

HOW TO MAKE　P.45

06　⏱30分　つなぐ

ヒキモノリングと
チェーンタッセルのピアス

チェーンをタッセルに見立てたピアス。
動くたびに揺れる軽やかさは
身に着けるだけで大人びた横顔を完成させる。

HOW TO MAKE　P.44

01 メタルパーツとコットンパールのシンプルバングル

⇨ P.34

パーツを通す

1

D ワイヤーブレスレット

ワイヤーブレスレットの片端に、つまようじで接着剤を塗る。

↓

2

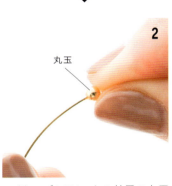

丸玉

ワイヤーブレスレットの付属の丸玉をワイヤーの端にはめて乾かす。

↓

3

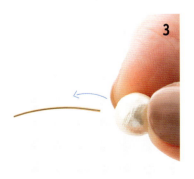

2の反対側から、ワイヤーにビーズを通していく。

4

C メタルパーツ
B コットンパールb
A コットンパールa

コットンパールa→メタルパーツ→コットンパールb→メタルパーツを1パターンとして、7回くり返して通す。

↓

5

通し終わり
A コットンパールa

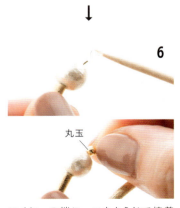

最後はコットンパールaを1個通す。ワイヤーが余ったらニッパーでカットする。

↓

6

丸玉

ワイヤーの端に、つまようじで接着剤を塗り、ワイヤーブレスレットの付属の丸玉をワイヤーの端にはめて乾かす。

完成サイズ：フリーサイズ

使用する材料

[ゴールド]

- A コットンパールa
  （ラウンド・8mm・キスカ）── 8個
- B コットンパールb
  （ラウンド・6mm・キスカ）── 7個
- C メタルパーツ
  （曲パイプ・2.3×36mm・マットゴールド）── 14個
- D ワイヤーブレスレット
  （3連・ゴールド）── 1個

[シルバー]

- A コットンパールa
  （ラウンド・6mm・キスカ）── 7個
- B コットンパールb
  （ラウンド・8mm・キスカ）── 8個
- C メタルパーツ
  （曲パイプ・2.3×36mm・マットシルバー）── 14個
- D ワイヤーブレスレット
  （3連・シルバー）── 1個

使用する道具

接着剤／つまようじ／ニッパー

[ゴールド]

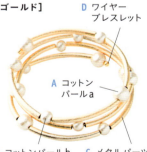

D ワイヤーブレスレット
A コットンパールa
B コットンパールb
C メタルパーツ

[シルバー]

---

memo　曲線のメタルパーツを組み合わせることで、立体的な、ユニークなデザインのブレスレットに仕上がります。

LESSON ② エッジの効いたメタルパーツで都会的に

ネックレス｜ピアス・イヤリング｜ブレスレット｜リング｜ヘアアクセサリー｜ブローチ

02　サザレビーズのラリエットネックレス

⇨ P.35

パーツを作る

1

E チェーン

チェーン70cmの両端のコマを目打ちで広げる（⇨ P.182-[6]）。

↓

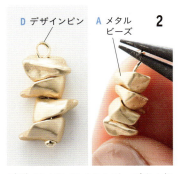

2

D デザインピン　A メタルビーズ

デザインピンにメタルビーズを4個通して先を丸めたパーツを作る（⇨ P.180-[3]）。

パーツをつなぐ

3

2のパーツのカンを開いて、1のチェーンの片端につなぐ。

↓

4

B メタルパーツ　C 丸カン

チェーンのもう片端とメタルパーツを丸カンでつなぐ。

完成サイズ：首回り74cm

使用する材料

A メタルビーズ（サザレ・6×5mm・マットゴールド）──── 4個
B メタルパーツ（フープ・13.5mm・ゴールド）──── 1個
C 丸カン（0.6×3mm・ゴールド）──── 1個
D デザインピン（0.6×30mm・ゴールド）──── 1本
E チェーン（ゴールド）──── 70cm×1本

使用する道具

平やっとこ／丸やっとこ／ニッパー／目打ち

POINT

身に着けるときはラリエットのように

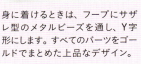

身に着けるときは、フープにサザレ型のメタルビーズを通し、Y字形にします。すべてのパーツをゴールドでまとめた上品なデザイン。

E チェーン
A メタルビーズ
D デザインピン
C 丸カン
B メタルパーツ

memo　ラリエットとは、留め具のない首や髪用のアクセサリー。おしゃれでフェミニンな雰囲気を醸し出せる、近年人気のアイテムです。

04 サークルヘアピン

⇨ P.36

パーツを巻きつける

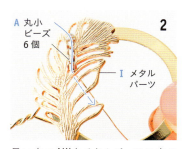

1
K AW（5cm残す）
3周巻きつける
J ヘアピン金具
中心

AWの端を5cm残し、ヘアピン金具の中心からやや左寄りに3周巻きつける。

↓

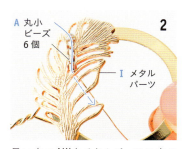

2
A 丸小ビーズ 6個
I メタルパーツ

長い方のAWをメタルパーツの穴に写真のように通し、丸小ビーズを6個通す。メタルパーツに丸小ビーズを沿わせ、メタルパーツの隙間にAWを通す。

↓

3
A 丸小ビーズ 5個

ヘアピン金具の裏にAWを回し、AWをメタルパーツの穴に写真のように通し、丸小ビーズを5個通す。

↓

4

ヘアピン金具の裏にAWを回し、メタルパーツの穴に通して表に出す。

↓

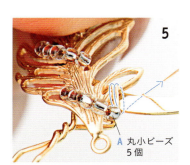

5
A 丸小ビーズ 5個

AWに丸小ビーズを5個通し、メタルパーツの穴とヘアピン金具に2回巻きつけ、ヘアピン金具の裏にAWを回す。

↓

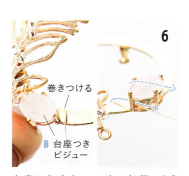

6
巻きつける
B 台座つきビジュー

台座つきビジューの穴に矢印のようにそれぞれAWを通して巻きつけながらヘアピン金具に留め、ビーズを通さずに1回巻きつける。

完成サイズ：直径4cm

使用する材料

- A 丸小ビーズ（クリスタル中銀） —— 32個
- B 台座つきビジュー（オーバル・1.2×1.5mm・ピンク×ゴールド）—— 1個
- C キュービックジルコニア（スクエア爪つき・5cm・クリスタル×ゴールド）—— 1個
- D 樹脂パールa（ラウンド・4mm・ホワイト）—— 1個
- E 樹脂パールb（ラウンド・3mm・ホワイト）—— 1個
- F スワロフスキーa（#5328・5mm・ジョンキルAB）—— 1個
- G スワロフスキーb（#5328・5mm・クリスタル）—— 1個
- H 竹ビーズ（一分竹・ゴールド）—— 3個
- I メタルパーツ（フェザー・30mm・マットゴールド）—— 1個
- J ヘアピン金具（リング型・30mm・ゴールド）—— 2個
- K AW［アーティスティックワイヤー］（#28・ノンターニッシュブラス）—— 50cm×1本

使用する道具

ニッパー／平ペンチまたは目打ち

I メタルパーツ
K AW
G スワロフスキーb
J ヘアピン金具
A 丸小ビーズ
E 樹脂パールb
B 台座つきビジュー
D 樹脂パールa
H 竹ビーズ
C キュービックジルコニア
F スワロフスキーa

memo　メタルパーツや巻きつけるビーズによってがらりと印象が変わる、アレンジ自在なデザインです。

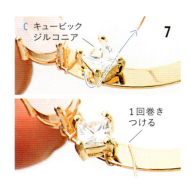

7
キュービックジルコニアにAWを通して1回巻きつけ、ビーズを通さずにヘアピン金具に1回巻きつける。

↓

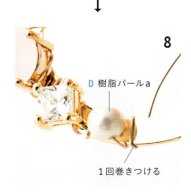

8
樹脂パールaにAWを通して1回巻きつけ、ビーズを通さずに1回巻きつける。

↓

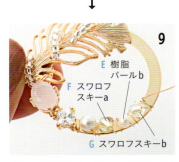

9
8と同じ要領で、ビーズを通して1回巻きつけ、ビーズを通さずに1回巻きつけていく。スワロフスキー a、樹脂パールb、スワロフスキー bの順にくり返す。

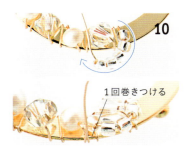

10
9で留めた部分から、ビーズを留めながら戻っていく。丸小ビーズを5個通し、スワロフスキーbに沿わせてパールの脇にAWを1回巻きつける。

↓

11
竹ビーズを1個通し、スワロフスキーaの脇にAWを1回巻きつけ、ビーズを通さず樹脂パールaの脇にAWを1回巻きつける。

↓

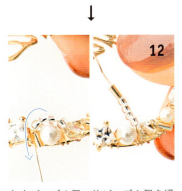

12
丸小ビーズ4個、竹ビーズ1個を通し、樹脂パールaに沿わせる。キュービックジルコニアの脇にAWを1回巻きつける。

13
10〜12と同じ要領で、丸小ビーズ7個を通してキュービックジルコニアに沿わせ、AWを1回巻きつける。続けて竹ビーズ1個を通し、AWを1回巻きつける。

↓

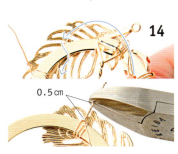

14
ヘアピン金具の裏に通ったAWやメタルパーツの隙間にAWを通し、1で残したAWのところに出す。AWを2本合わせて、1cm分ねじり、0.5cm残してニッパーでカットする。

↓

15
メタルパーツとヘアピン金具の隙間に、平ペンチや目打ちでワイヤーを押し込んで隠す。最後に、メタルパーツのカン部分をニッパーでカットする。

memo　アーティスティックワイヤーは、しっかり引きしめながら巻きましょう。少しでもゆるんでしまうと装着感が悪くなります。

03　チョーカー風メタルネックレス

⇨ P.36

ビーズを通す

4

A メタルビーズ

ワイヤーネックレス金具にメタルビーズを10個通す。

↓

5

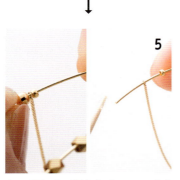

カシメ玉、3で通したチェーンのもう片端の順に通し、ワイヤーネックレスの片端につまようじで接着剤を塗り、付属の丸玉をワイヤーの端にはめる。

仕上げる

6

つぶす

接着剤が乾いたら5の丸玉の際までチェーンとカシメ玉を送り、カシメ玉を平やっとこでつぶす。

パーツをつなぐ

1

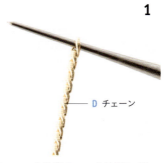

D チェーン

チェーンの先端のコマを目打ちでしっかり広げる（⇨ P.182 - [6]）。

↓

2

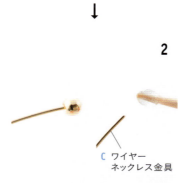

C ワイヤーネックレス金具

ワイヤーネックレス金具の片端につまようじで接着剤を塗り、付属の丸玉をワイヤーの端にはめる。

↓

3

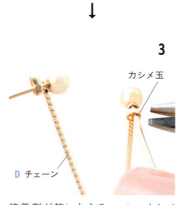

カシメ玉

D チェーン

接着剤が乾いたらチェーン、カシメ玉の順に通し、2の丸玉の際まで送り、カシメ玉を平やっとこでつぶす。

完成サイズ：フリーサイズ

使用する材料

A　メタルビーズ（スクエアカット・3mm・ゴールド）──── 10個
B　カシメ玉（1.5mm・ゴールド）──── 2個
C　ワイヤーネックレス金具（ゴールド）──── 1個
D　チェーン（ゴールド）──── 47cm×1本

使用する道具

平やっとこ／目打ち／接着剤
つまようじ

C ワイヤーネックレス金具
丸玉　B カシメ玉　丸玉
A メタルビーズ
D チェーン

memo　チョーカーのようなデザインで人気のワイヤーネックレス。今回はチェーンと組み合わせましたが、単独で使用しても素敵です。

05　○△□のチェーンリング

⇨ P.36

> パーツをつなぐ

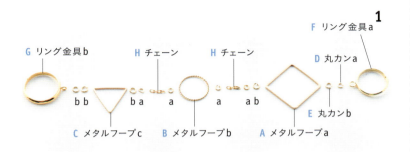

メタルフープa、b、cとリング金具a、bとチェーンを、丸カンa、bで写真の順に端からつなぐ。

POINT

垂れ下がるように身に着けて

2本の指にリングをはめるデザイン。リング金具小は小指に、大は中指にはめます。

> 仕上げる

丸カンをしっかり閉じる。

完成サイズ：フリーサイズ

使用する材料

- A メタルフープa（スクエア・20mm・ゴールド） ——— 1個
- B メタルフープb（ラウンドツイスト・15mm・ゴールド） ——— 1個
- C メタルフープc（トライアングル・15mm・ゴールド） ——— 1個
- D 丸カンa（0.6×3mm・ゴールド） ——— 5個
- E 丸カンb（0.6×3.5mm・ゴールド） ——— 5個
- F リング金具a（カンつき・16mm・ゴールド） ——— 1個
- G リング金具b（カンつき・18mm・ゴールド） ——— 1個
- H チェーン（ゴールド） ——— 0.8cm×2本

使用する道具

平やっとこ／丸やっとこ／ニッパー

---

memo　メタルフープはさまざまな形、加工がされたものが展開されているので、好みでチョイスして様々な組み合わせを楽しみましょう。

06 ヒキモノリングとチェーンタッセルのピアス

⇨ P.37

完成サイズ：横1.7×長さ6.5cm

使用する材料

A メタルパーツ（フープスクエア・13mm・ゴールド） ──── 2個
B チャーム（石留めスクエア・7×5mm・クリスタル×ゴールド） ──── 2個
C 丸カン（0.7×4mm・ゴールド） ──── 8個
D ピアス金具（カンつき・ゴールド） ──── 1セット
E チェーン（ゴールド） ──── 4cm×30本

使用する道具

平やっとこ／ニッパー／目打ち

パーツを作る

1 30本すべてのチェーンの片端のコマを目打ちで広げる（⇨ P.182-⑥）。

↓

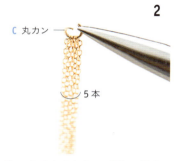

2 チェーン5本を丸カンに通し、平やっとこで丸カンを閉じてチェーンタッセルを作る。

↓

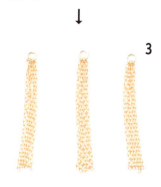

3 2と同じものを合計3個作る。

パーツをつなぐ

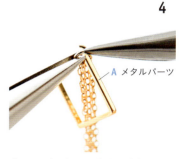

4 チェーンタッセルの丸カンを開き、メタルパーツを通す。

↓

5 4と同様に、チェーンタッセルの丸カンをすべてメタルパーツに通してつなぐ。

↓

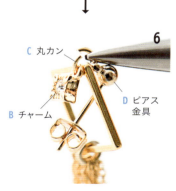

6 5でチェーンタッセルをつないだ真向かいの角に、丸カンでピアス金具とチャームをつなぐ。下げたときにすべてのパーツが表向きになるよう向きに注意する。3〜5をくり返しもう片耳分も同様に作る。

---

memo　チェーンでタッセルを作る場合は、なるべく目の細かい、繊細なものを選ぶと◎。全体的にきれいなデザインに仕上がります。

07 メタルパーツとコットンパールのピアス

⇨ P.37

パーツを貼る

1

メタルパーツの側面に、つまようじで接着剤を塗る。

↓

2

穴をそろえる

1にもう1個のメタルパーツを重ねて、貼り合わせる。このとき、2個のメタルパーツの穴の位置がずれないように合わせること。

↓

3

E Tピン
B コットンパール
E Tピン
C 樹脂パール

Tピンにビーズを通して先を丸めたパーツをコットンパールで3個、樹脂パールで2個作る（⇨ P.180-③）。

パーツをつなぐ

4

D 丸カン

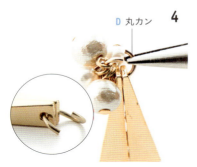

2のメタルパーツの穴に丸カンを通し、3のパーツをコットンパール→樹脂パールの順に交互に通し、平やっとこで丸カンを閉じる。

仕上げる

5

F ピアス金具

ピアス金具の皿に、つまようじで接着剤を塗る。

↓

6

メタルパーツにピアス金具を貼る。裏表はないのでどちらの面でもかまわない。もう片耳分も同様に作る。

完成サイズ：長さ6.5cm

使用する材料

- A メタルパーツ（スティック台形横穴・2.2×6mm・ゴールド）——— 4個
- B コットンパール（ラウンド・6mm・キスカ）——— 6個
- C 樹脂パール（ラウンド・4mm・ホワイト）——— 4個
- D 丸カン（0.8×6mm・ゴールド）——— 2個
- E Tピン（0.6×20mm・ゴールド）——— 10本
- F ピアス金具（平丸皿・ゴールド）——— 1セット

使用する道具

平やっとこ／丸やっとこ
ニッパー／接着剤／つまようじ

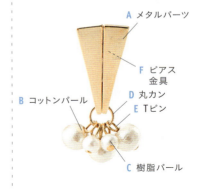

A メタルパーツ
F ピアス金具
B コットンパール
D 丸カン
E Tピン
C 樹脂パール

ARRANGE

シルバーに変えてクールな印象に

メタルパーツというとどうしてもゴールドを選びがちですが、金具と合わせてシルバーに変えて作るのもおすすめ。可愛いイメージが一気におしゃれでクールな印象に変わります。

---

memo　メタルパーツの組み合わせで斬新なデザインが生まれる好例です。技巧的に見えて、実はかんたんなのがうれしい。

HANDMADE ACCESSORIES LESSON BOOK

LESSON →3

女性らしさを底上げする パールアクセ

どんなファッションでも、パールをひと粒取り入れるだけでレディな装いを叶えてくれる。

01 ⏱ 120分 [編む] [通す]

チェコビーズのイヤリングとパールのネックレス

特別な日に身に着けたいセットアクセサリー。
シンプルなパールは通すだけで完成。
耳元には同じパールを使用したイヤリングでとことん品よく仕上げて。

HOW TO MAKE P.52-53

LESSON ③ 女性らしさを底上げするパールアクセ

ネックレス ― ピアス・イヤリング ― ブレスレット ― リング ― ヘアアクセサリー ― ブローチ

02 ⏱ 60分 [通す]

淡水パールの
ロングネックレス

海を感じさせるメタルパーツと
動きのある淡水パールを通すだけ。
シンプルな仕様なので、
服のテイストを選ばずに使える。

HOW TO MAKE P.54-55

03 ⏱ 60分 通す つなぐ

2wayパールアクセサリー

2種のパールを通しただけのアクセサリーは
ネックレスとブレスレットの2way。
マンテルに忍ばせたスターチャームで
大人の遊び心を加えて。

HOW TO MAKE P.56

LESSON ③ 女性らしさを底上げするパールアクセ

ネックレス ／ ピアス・イヤリング ／ ブレスレット ／ リング ／ ヘアアクセサリー ／ ブローチ

05 ⏱120分 [つなぐ] [通す]

パールの腕時計

コンサバティブになりすぎない
清楚で品のよいパールの腕時計。
スタイリングのアクセントに。

HOW TO MAKE P.60-61

04 ⏱60分 [巻きつける] [通す]

パールと星のバレッタ

ワイヤーでビーズを金具に留めつけたバレッタ。
メタルパーツを加えれば
どこかキッチュで可愛らしい雰囲気に。

HOW TO MAKE P.58-59

06 ⏱ 120分 [巻きつける]

パールと花の
ヘアコーム

髪に挿すだけで様になるコームは
ヘアアレンジに役立つ優れもの。
たくさんの花とパールが
可憐なデザインのアイテム。

HOW TO MAKE **P.62-63**

LESSON ③ 女性らしさを底上げするパールアクセ

ネックレス　ピアス・イヤリング　ブレスレット　リング　ヘアアクセサリー　ブローチ

08　　07

08　⏱60分　通す　つなぐ

**小粒パールと
メタルパーツのイヤリング**

小粒のパールとメタルビーズを通した
シンプルながらもボリューミーなイヤリング。
パールの色を変えて作っても楽しい。

HOW TO MAKE　P.57

07　⏱100分　編む

**コスチュームジュエリー風
イヤリング**

舞台映えする大ぶりなデザインは
パールとジルコニアで上品に。
アップスタイルに映える華やかさが魅力。

HOW TO MAKE　P.64-65

01 チェコビーズのイヤリングとパールのネックレス

⇨ P.46

―― イヤリング ――

モチーフを編む

テグスの端を10cm残し、3種類のチェコビーズを写真の順に通し、イヤリング金具のシャワー台の指定の穴にテグスを通す。

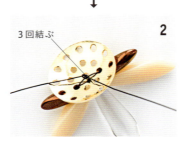

テグスを裏で合わせ、3回結ぶ。

長いほうのテグスをシャワー台の指定の穴から出す。チェコビーズに通したテグスの上をまたぎ、指定の穴に通して引きしめ、ビーズが浮かないように固定する。

3と同じ要領で、指定の穴にテグスを通し、もう1カ所でもビーズを固定する。

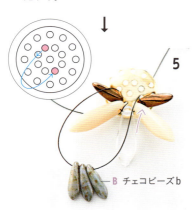

テグスをシャワー台の指定の穴から出し、チェコビーズbを3個通し、指定の穴に通して引きしめる。

完成サイズ：
イヤリング／横2.5×縦3cm
ネックレス／首回り43.5cm

使用する材料

［イヤリング］
- A　チェコビーズa（ダガー・3×10cm・ブロンズ）——— 4個
- B　チェコビーズb（ダガー・3×10cm・アンティークミストブルー）— 6個
- C　チェコビーズc（ダガー・5×16cm・クリア）——— 2個
- D　チェコビーズd（ダガー・5×16cm・オペークベージュ）——— 4個
- E　ガラスパール（ラウンド・6mm・ピンクベージュ）——— 6個
- F　コットンパール（ラウンド・8mm・ホワイト）——— 2個
- G　イヤリング金具（シャワー・14mm・ゴールド）——— 1セット
- H　テグス（3号・クリア）— 45cm×2本

［ネックレス］
- A　ガラスパール（ラウンド・8mm・ピンクベージュ）——— 51個
- B　Cカン（0.7×4mm・ゴールド）— 2個
- C　ボールチップ（ゴールド）— 2個
- D　カシメ玉（ゴールド）— 2個
- E　マンテル（ゴールド）— 1セット
- F　テグス（3号・クリア）— 60cm×1本

使用する道具

平やっとこ／ニッパー
はさみ／接着剤

［イヤリング］

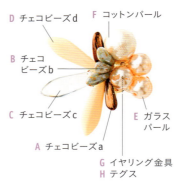

ネックレス

ボールチップをつける

1

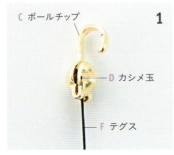

テグスの片端をボールチップとカシメ玉で始末する（⇨ P.183 - 8）。

ビーズを通す

2

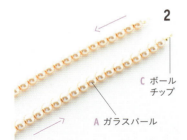

テグスにガラスパールを51個通し、反対側のテグスの端もボールチップとカシメ玉で始末する。

仕上げる

3

ボールチップにCカンでマンテルをつなぐ。

9

テグスを裏で合わせ、3回結ぶ。結び目に接着剤をつけて余分をカットする。

仕上げる

10

シャワー台をイヤリング金具につける。まずはツメを2本、平やっとこで倒す（⇨ P.186 - 14）。

11

シャワー台を倒したツメにスライドさせてはさみ、残りのツメを平やっとこで倒す。このとき金具に傷がつかないように、布や厚手のビニールシートなどをはさんで行う。もう片耳分も左右対称になるように作る。

6

テグスをシャワー台の穴から出し、ガラスパールを3個通し、最初に通したガラスパールにもう1度通して輪にする。

7

テグスをシャワー台の指定の穴に通し、引きしめる。

8

テグスをシャワー台の指定の穴から出し、コットンパールを1個通し、指定の穴に通して引きしめる。

memo　テグスで留めつけたあとは完成後は見えなくなるので、シャワー台の裏側が多少見た目が悪くなってしまっても大丈夫。

02 淡水パールのロングネックレス

⇨ P.47

ビーズを通す

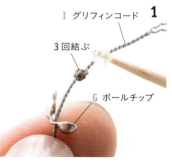

1
I グリフィンコード
3回結ぶ
G ボールチップ

グリフィンコードを台紙から外し、針はつけたまま使う。ボールチップを通し、針のついていないほうを3回結ぶ。結び目に接着剤を塗り、はさみで右端の余分なコードをカットする。

2
結ぶ

1の結びめをボールチップにおさめ、平やっとこでボールチップを閉じる。ボールチップの際でコードを1回結ぶ。

完成サイズ：首回り105cm

使用する材料

[グレー]

- A 淡水パールa（ポテト・4～4.5mm・グレー） —— 174個
- B 淡水パールb（ライス・5×8mm・グレー） —— 14個
- C チャーム（両カンつき枝サンゴ・シルバー） —— 1個
- D メタルフープ（ゴールド） —— 1個
- E Tピン（0.6×20mm・シルバー） —— 1本
- F 丸カン（0.8×4mm・シルバー） —— 4個
- G ボールチップ（シルバー） —— 4個
- H カニカン（シルバー） —— 1個
- I グリフィンコード（No.4・0.6mm・グレー） —— 1個

[ホワイト]

- A 淡水パールa（ポテト・4～4.5mm・ホワイト） —— 174個
- B 淡水パールb（ライス・5×8mm・ホワイト） —— 14個
- C チャーム（両カンつき枝サンゴ・ゴールド） —— 1個
- D メタルフープ（ゴールド） —— 1個
- E Tピン（0.6×20mm・ゴールド） —— 1本
- F 丸カン（0.8×4mm・ゴールド） —— 4個
- G ボールチップ（ゴールド） —— 4個
- H カニカン（ゴールド） —— 1個
- I グリフィンコード（No.4・0.6mm・ホワイト） —— 1個

使用する道具

平やっとこ／目打ち／はさみ

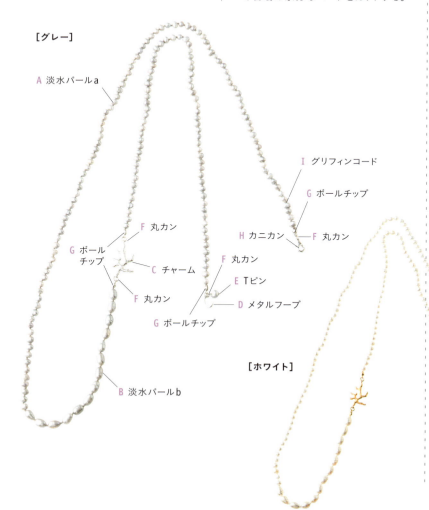

[グレー]
- A 淡水パールa
- F 丸カン
- G ボールチップ
- C チャーム
- F 丸カン
- G ボールチップ
- I グリフィンコード
- H カニカン
- F 丸カン
- F 丸カン
- E Tピン
- D メタルフープ
- B 淡水パールb

[ホワイト]

LESSON ③ 女性らしさを底上げするパールアクセ

3

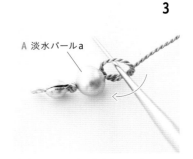

A 淡水パールa

淡水パールaを1個通してグリフィンコードを1回結び、目打ちで結びめをパールの際まで送り、引きしめる。

↓

4

グリフィンコードを引きしめたところ。隙間なく、しっかり引きしめておくと◎。

↓

5

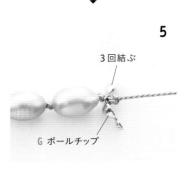

3回結ぶ

G ボールチップ

淡水パール1個通すごとにコードを1回結んでいく。淡水パールaを102個と淡水パールbを14個通し、最後はコードを1回結ぶ。ボールチップを通して、1と同じ要領で3回結び接着剤をつける。

6

平やっとこでボールチップを閉じて余分なコードをカットすれば、パーツあの完成。

↓

7

パーツあ

パーツい

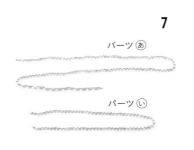

1〜6と同様に、淡水パールa71個を通してパーツいを作る。

仕上げる

8

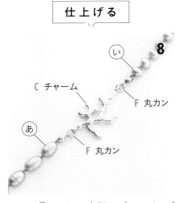

い

C チャーム

F 丸カン

あ

F 丸カン

パーツあのパールb側のボールチップと、チャーム、パーツいのボールチップをそれぞれ丸カンでつなぐ。

9

パーツう E Tピン

A 淡水パールa

淡水パールaにTピンを通して先を丸めたパーツうを1個作る（⇨P.180-③）。

↓

10

H カニカン　D メタルフープ

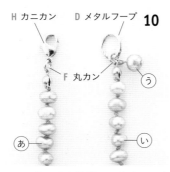

F 丸カン

あ　う　い

パーツあのもう片端には丸カンでカニカンをつなぎ、パーツいのもう片端には丸カンでパーツうとメタルフープをつなぐ。

---

memo　単純に通すだけではなく、結びめを入れることでデザイン性が増します。コードを引きしめる際はゆるみが出ないように力強く。

03 2wayパールアクセサリー

⇨ P.48

テグスの端を始末する

1
G ボールチップ
H カシメ玉

テグスの端にボールチップとカシメ玉を通し、カシメ玉を平やっとこでつぶし、ボールチップを閉じてテグスの端を始末する（⇨ P.183 - 8 ）。

ビーズを通す

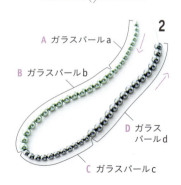

2
A ガラスパールa
B ガラスパールb
D ガラスパールd
C ガラスパールc

テグスにガラスパールa、b、c、dをすべて通す。

テグスの端を始末する

3

テグスのもう片端も、**1**と同様にボールチップとカシメ玉で始末する。

金具をつなぐ

4
I マンテル
F 丸カン

ボールチップの先端を丸やっとこで丸め、丸カンでマンテルとつなぐ。

↓

5
F 丸カン
E チャーム

マンテルのリングに丸カンでチャームをつなぐ。

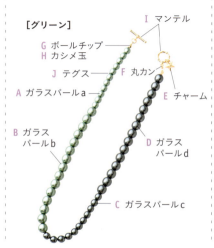

[グリーン]
I マンテル
G ボールチップ
H カシメ玉
J テグス
F 丸カン
A ガラスパールa
E チャーム
B ガラスパールb
D ガラスパールd
C ガラスパールc

完成サイズ：首回り39㎝

使用する材料

[グリーン]
- A ガラスパールa（ラウンド・6㎜・グリーン）—— 11個
- B ガラスパールb（ラウンド・8㎜・グリーン）—— 15個
- C ガラスパールc（ラウンド・6㎜・シルバー）—— 11個
- D ガラスパールd（ラウンド・8㎜・シルバー）—— 15個
- E チャーム（星・ゴールド）—— 1個
- F 丸カン（0.8×5㎜・ゴールド）— 3個
- G ボールチップ（ゴールド）—— 2個
- H カシメ玉（ゴールド）—— 2個
- I マンテル（ゴールド）—— 1セット
- J テグス（3号・クリア）— 60㎝×1本

[ベージュ]
- A ガラスパールa（ラウンド・6㎜・ベージュ）—— 11個
- B ガラスパールb（ラウンド・8㎜・ベージュ）—— 15個
- C ガラスパールc（ラウンド・6㎜・ホワイト）—— 11個
- D ガラスパールd（ラウンド・8㎜・ホワイト）—— 15個
- E チャーム（星・ゴールド）—— 1個
- F 丸カン（0.8×5㎜・ゴールド）— 3個
- G ボールチップ（ゴールド）—— 2個
- H カシメ玉（ゴールド）—— 2個
- I マンテル（ゴールド）—— 1セット
- J テグス（3号・クリア）— 60㎝×1本

使用する道具

平やっとこ／丸やっとこ／はさみ
目打ち

[ベージュ]

※ プロセスでは、テグスの色を黒にかえて製作しています。

---

memo　長さをアレンジしたいときは、パールの数で調節して。実際に試着しながら作ると、きちんと仕上がります。

08 小粒パールとメタルパーツのイヤリング

⇨ P.51

ビーズを通す

1

① ★ーA 樹脂パール 18 個ー★
② ★ーA 樹脂パール 20 個ー★
③ ★ーA 樹脂パール 22 個ー★

★＝Bメタルビーズ3個

テグス3本（①〜③）に、写真のようにビーズを通す。

完成サイズ：長さ3cm

使用する材料

A 樹脂パール（ラウンド・3mm・ホワイト）──────── 120個
B メタルビーズ（スクエア・3mm・ゴールド）──────── 36個
C ボールチップ（ゴールド）── 2個
D カシメ玉（ゴールド）────── 2個
E イヤリング金具（カンつき・ゴールド）── 1セット
F テグス（3号・クリア）
　────────────── 20cm×6本

使用する道具

平やっとこ／丸はさみ

ボールチップをつける

2

D カシメ玉
C ボールチップ

1の3本のテグスの両端をまとめ、6本をそろえてボールチップとカシメ玉に通す。

↓

3 テグス1mm残したところ

テグスを引きしめて、カシメ玉を平やっとこでつぶす。テグスは1mm残してはさみでカットする。

4

平やっとこでボールチップを閉じる。

金具をつなぐ

5 E イヤリング金具

イヤリング金具のカンにボールチップを通す。

↓

6 丸める

ボールチップの先を丸やっとこで丸め、イヤリング金具とつなぐ。もう片耳分も同様に作る。

E イヤリング金具
C ボールチップ
D カシメ玉
B メタルビーズ
F テグス
A 樹脂パール

※ プロセスでは、テグスの色を黒にかえて製作しています。

ARRANGE

パールはそのままでも印象を変える方法

同じ色・大きさのパールがあまったら、金具とメタルビーズの色をシルバーに変えて制作してみて。パールは基本的に、ゴールドにもシルバーにも馴染みます。

memo　ボールチップとカシメ玉はテグスを使用する作品には欠かせないアイテム。きちんと仕上がるよう、苦手な人は練習しましょう。

04　パールと星のバレッタ

⇨ P.49

ビーズを通す

3

B コットンパールa
A 樹脂パール

長い方のAWに樹脂パール2個、コットンパールa、樹脂パール2個の順に通す。

↓

4

ビーズをバレッタ金具に沿わせ、AWをバレッタ金具の下に通して巻きつける。

ワイヤーを巻きつける

1

F バレッタ金具
バネ

バレッタ金具の裏側にあるバネを取り外す。

↓

2

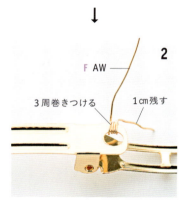

F AW
3周巻きつける　1cm残す

バレッタ金具の端の穴に、AWの端を1cm残して3周巻きつける。

完成サイズ：横6×縦1cm

使用する材料

［グレー］

A 樹脂パール（ラウンド・2mm・ホワイト）——— 32個
B コットンパールa（ラウンド・8mm・グレー）——— 2個
C コットンパールb（ラウンド・10mm・グレー）——— 4個
D メタルパーツ（星・11mm・シルバー）——— 1個
E バレッタ金具（0.7×6cm・ゴールド）——— 1個
F AW［アーティスティックワイヤー］（#26・ノンターニッシュブラス）——— 50cm×1本

［ホワイト］

A 樹脂パール（ラウンド・2mm・ホワイト）——— 32個
B コットンパールa（ラウンド・8mm・キスカ）——— 2個
C コットンパールb（ラウンド・10mm・キスカ）——— 4個
D メタルパーツ（星・11mm・ゴールド）——— 1個
E バレッタ金具（0.7×6cm・ゴールド）——— 1個
F AW［アーティスティックワイヤー］（#26・ノンターニッシュブラス）——— 50cm×1本

使用する道具

ニッパー / 平やっとこ

［ホワイト］

［グレー］

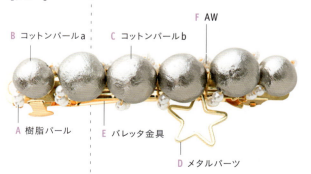

B コットンパールa
C コットンパールb
F AW
A 樹脂パール
E バレッタ金具
D メタルパーツ

5

C コットンパールb

AWに樹脂パール2個、コットンパールb、樹脂パール2個の順に通し、4と同じ要領でバレッタ金具に巻きつける。

↓

6

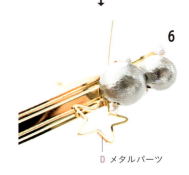

D メタルパーツ

メタルパーツを通し、写真の位置に固定するように、AWをバレッタ金具に巻きつける。

↓

7

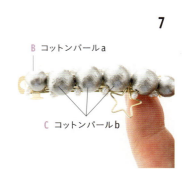

B コットンパールa
C コットンパールb

同じ要領で樹脂パールとコットンパールを通しながら、AWをバレッタ金具に巻きつけていく。

8

3周巻きつける

最後までビーズを通したら、バレッタ金具の端の穴にAWを3周巻きつける。

↓

9

押さえる

バレッタ金具の裏側で、ニッパーで余分なAWをカットし、平やっとこでAWの端を押さえてなじませる。

10

AWの端が出ていると引っかかるので、ていねいに始末すること。

↓

11

バネ

最初に外したバレッタ金具のバネを取りつける。

POINT
指で押さえて しっかり固定を

押さえる

小粒の樹脂パールがバレッタ金具の裏側に回らないように、樹脂パールの両脇のAWを指で押さえて固定すると◎。

memo　アーティスティックワイヤーを始末するときは、なるべく作品の内側に先端をしまうイメージで処理しましょう。

05 パールの腕時計

⇨ P.49

パーツをつなぐ

1

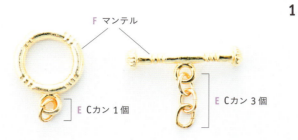

CカンをマンテルのリングにⅠ個、バーに3個つなぐ（⇨ P.180-①）。

テグスをパーツに通す

2

★＝テグスの中心

テグスの中心を時計パーツに通し、左右にそれぞれメタルビーズ1個、ガラスパール1個、スペーサー、ガラスパール6個、スペーサー、ガラスパール1個、メタルビーズ1個の順に通す。

↓

3

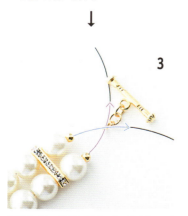

1でつないだマンテルバーのCカンでテグスを交差させる。

完成サイズ：手首回り19cm

使用する材料

A ガラスパール（ラウンド・8mm・ホワイト）——— 32個
B メタルビーズ（ラウンド・3mm・ゴールド）——— 8個
C スペーサー（ジルコニアつき・1.6cm・クリスタル×ゴールド）——— 4個
D 時計パーツ（ゴールド）——— 1個
E Cカン（0.7×4×3mm・ゴールド）——— 4個
F マンテル（ゴールド）——— 1セット
G テグス（3号・クリア）——— 80cm×2本

使用する道具

平やっとこ／丸やっとこ／はさみ
つまようじ／接着剤／ニッパー

LESSON ③ 女性らしさを底上げするパールアクセ

9

余分なテグスはパールの際でカットする。

↓

10

反対側も2〜9と同様に作る。マンテルバーをリングに替えてつなぐ。

POINT
パールはバリ取りをしてきれいな状態に

パールの穴にテグスが通りやすいように、作業を始める前にすべてのパールの穴のバリを取り、きれいにします（⇨ P.182-⑦）。

4

そのまま2で通したビーズを拾って全体をもう1周通し、3のCカンでテグスを交差させる。

↓

仕上げる

7

結びめに接着剤を塗る。

↓

8

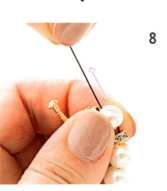

テグスをガラスパールに戻し、ゆっくり引っぱって結びめをパールの穴に引き入れる。

5

写真のようにビーズを拾い、ガラスパールとスペーサーの間にテグスを出す。

↓

6

3回結ぶ

テグスをしっかり引きしめ、3回結ぶ。

memo 時計パーツは、ビーズショップで取り扱っています。実用性も抜群なアイテムなので、プレゼントとして作っても◎。

06 パールと花のヘアコーム

⇨ P.50

完成サイズ：横5×縦4cm

使用する材料

- A 樹脂パールa（ラウンド・2mm・ホワイト）——— 3個
- B 樹脂パールb（ラウンド・4mm・ホワイト）——— 12個
- C 樹脂パールc（ラウンド・6mm・ホワイト）——— 6個
- D アクリルビーズ（フラワー・8mm・フロスト）——— 4個
- E メタルビーズ（ラウンド・3mm・ゴールド）——— 4個
- F キュービックジルコニア（丸台・4mm・クリスタル×ゴールド）——— 2個
- G ヘアコーム金具（10山・4cm・ゴールド）——— 1個
- H AW［アーティスティックワイヤー］（#26・ノンターニッシュブラス）——— 60cm×1本

使用する道具

平やっとこ／ニッパー

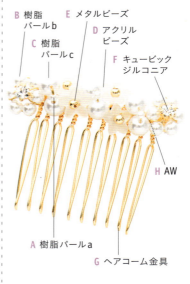

ビーズを巻きつける

1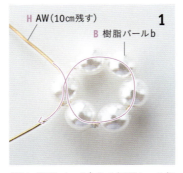

AWに樹脂パールbを6個通し、1個めのパールにもう一度通して輪にする。

↓

2

2本のAWを写真のようにキュービックジルコニアと樹脂パールbで交差させて花の形に留めつける。

↓

3

10cm残した短い方のAWを、ヘアコーム金具の1山めと2山めの間に3回巻きつける。

4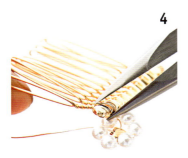

巻きつけたAWの余分をヘアコーム金具の裏側でカットし、平やっとこで端を押さえてなじませる。

↓

5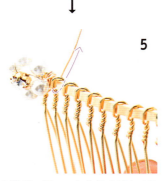

2の花がヘアコーム金具の表にくるように整え、ヘアコーム金具の1山めと2山めの間に、表から裏に向かってAWを通す。

↓

6

樹脂パールc、a、cの順に通し、ヘアコーム金具の次の山の間に表から裏に向かってAWを通す。

memo プロセス1、2で作っている花のパーツは、ほかの作品にもアレンジ可能です。イヤーアクセやヘアゴムなど、チャレンジしてみて。

LESSON ③ 女性らしさを底上げするパールアクセ

ネックレス ｜ ピアス・イヤリング ｜ ブレスレット ｜ リング ｜ ヘアアクセサリー ｜ ブローチ

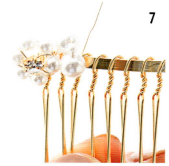

7

1回通すごとに、AWはしっかり引きしめる。

↓

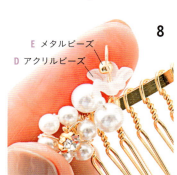

8　E メタルビーズ　D アクリルビーズ

アクリルビーズとメタルビーズを通し、アクリルビーズに戻り、AWを引きしめる。

↓

9

8と同様に、アクリルビーズとメタルビーズを通す。8のアクリルビーズの斜め下にくるように整え、ヘアコームの金具の次の山の間に表から裏に向かってAWを通す。

10

6と同様に樹脂パールc、a、cの順に通し、9で通した場所の2つ隣の山の間にAWを通す。

↓

11

8、9と同様にアクリルビーズとメタルビーズを2個ずつ通す。続けて10と同様に樹脂パールc、a、cの順に通し、2つ隣の山の間にAWを通す。

↓

12

樹脂パールbを6個通し、1個めのパールに反対側から通してAWを交差させる。

13

写真のようにAWをキュービックジルコニアとパールで交差させて、花の形に留めつける。

仕上げる

14　3回巻きつける

AWをしっかり引きしめたら、最後の山と隣の山の間に3回巻きつける。

↓

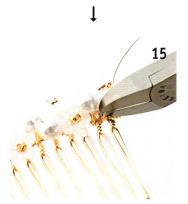

15

余分なAWをヘアコーム金具の裏側でカットし、平やっとこで端を押さえてなじませる。

memo　完成したときアーティスティックワイヤーが見えてしまうデザインなので、ていねいに巻きつけましょう。

07 コスチュームジュエリー風イヤリング

⇨ P.51

パーツを作る

1

E 丸ピン
B コットンパール

コットンパールに丸ピンを通して先を丸めたパーツを作る（⇨ P.180-③）。

ビーズを通す

2

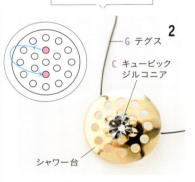

G テグス
C キュービックジルコニア
シャワー台

テグスの端を10cm残してキュービックジルコニアを通し、イヤリング金具のシャワー台の指定の穴に通す。

3

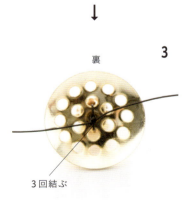

裏
3回結ぶ

テグスを裏で合わせ、3回結ぶ。

4

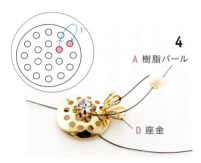

A 樹脂パール
D 座金

長い方のテグスをシャワー台の指定の穴から表に出し、座金の花びら、樹脂パールの順に通す。テグスを通した座金の花びらの真向かいの花びらを通し、シャワー台の指定の穴に通す。

5

4と同じ要領で、②〜④の順に残りの3カ所にも座金と樹脂パールを留める。シャワー台の穴の場所は図を参照。

6

座金同士の間に樹脂パールを留める。テグスをシャワー台の指定の穴から表に出し、樹脂パールを1個通してシャワー台の指定の穴に通す。

完成サイズ：横1.5×縦2.7cm

使用する材料

- **A** 樹脂パール（ラウンド・4mm・マットキスカ） ——— 14個
- **B** コットンパール（ラウンド・10mm・キスカ） — 2個
- **C** キュービックジルコニア（ラウンドツメ付き・4mm・クリスタル×ゴールド） ——— 2個
- **D** 座金（7mm・ゴールド） ——— 8個
- **E** 丸ピン（0.6×20mm・ゴールド） ——————— 2本
- **F** イヤリング金具（シャワー・12mm・ゴールド） ——————— 1セット
- **G** テグス（3号・クリア） ——————— 35cm×2本

使用する道具

平やっとこ／丸やっとこ／ニッパー／はさみ／接着剤／つまようじ

C キュービックジルコニア
F イヤリング金具
G テグス
A 樹脂パール
D 座金
B コットンパール
E 丸ピン

※ プロセスでは、テグスの色を黒にかえて製作しています。

---

memo　丸ピンとは、Tピンと同じ構造でお尻にデザインが施されているもの。デザインピンはほかにもあるので、お好みのものを見つけて。

テグスを引きしめる。

↓

6、7と同じ要領で、⑤～⑦の順に残りの2カ所にも樹脂パールを留める。

↓

B コットンパール　　E 丸ピン

1のパーツをシャワー台の指定の穴に留める。

テグスを裏で合わせ、3回結ぶ。結び目に接着剤をつけたら、テグスを2mm残して余分をカットする。

金具をつける

F イヤリング金具

シャワー台をイヤリング金具につける。まずは下側のツメを2本、平やっとこで倒す（⇨P.186-14）。

ARRANGE

チェコビーズに変えて大人の印象に

つなげるパーツをパールからチェコビーズに変えれば、可愛い印象から大人っぽくがらりと変わります。

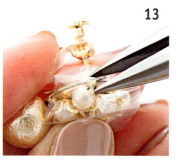

シャワー台を倒したツメにスライドさせてはさみ、残りのツメも平やっとこで倒す。このとき金具に傷がつかないように、布や厚手のビニールシートなどをはさんで行う。

↓

すべてのツメを倒して、シャワー台を固定し、モチーフの形を整える。もう片耳分も同様に作る。

POINT

テグスがゆるまないよう引きしめは頻繁に

モチーフを編むときには、1回ずつテグスを引きしめながら行うと、シャワーの指定の位置にしっかりとビーズを留めることができます。

01 ⏱ 15分 つなぐ

天然石と
メタルスティックのピアス

サザレ型の天然石は形が異なるので
重ねるだけでも動きが出ておもしろい。
細めのメタルパーツと合わせて
レディ感をひとさじプラス。

HOW TO MAKE **P.74**

HANDMADE ACCESSORIES LESSON BOOK
LESSON → 4

光を受けて輝く
ジュエリーのような
天然石アクセ

他の素材では味わえない、
すっと肌に溶け込むような
半透明の色合いを楽しんで。

LESSON ④ 光を受けて輝くジュエリーのような天然石アクセ

ネックレス ピアス・イヤリング ブレスレット リング ヘアアクセサリー ブローチ

02　⏱30分　巻きつける

天然石のバングル3種

細めのバングルはほかのブレスレットや時計などと重ね着けして楽しんで。肌なじみのいい淡い色合いの3種。

HOW TO MAKE　P.75

03　⏱ 10分　[貼る]

アメジストと
キャンディクォーツのリング

お気に入りの天然石を見つけたら
リング台金具に貼って
いつでも手元に置いておきたい。

HOW TO MAKE　P.76

04　⏱ 30分　[通す] [巻きつける]

ローズウォーターオパールの
ワイヤーリング

ワイヤーでビーズを巻きつけた
シンプルながらも存在感のあるリング。
ごつく見えないのは天然石ならでは。

HOW TO MAKE　P.77

LESSON ④ 光を受けて輝くジュエリーのような天然石アクセ

ネックレス　ピアス・イヤリング　ブレスレット　リング　ヘアアクセサリー　ブローチ

05　⏱60分　つなぐ

マザーオブパールの
クロスブレスレット

さまざまな素材のビーズをつなげた
ボリューミーなブレスレットは
ピンワークだけで完成する初心者向けデザイン。
色みを統一して、大人っぽく仕上げて。

HOW TO MAKE P.78-79

06 ⏱ 60分 つなぐ

ビンテージビーズの
ブレスレット

天然石とビンテージ風のパーツは
相性のよい組み合わせ。
赤を差し色に取り入れた
デザイン性の高い個性的なブレスレット。

HOW TO MAKE P.80

LESSON ④ 光を受けて輝くジュエリーのような天然石アクセ　ネックレス　ピアス・イヤリング　ブレスレット　リング　ヘアアクセサリー　ブローチ

07　15分　つなぐ

クリスタルの
トライアングルピアス

清楚で女性らしい印象の天然石は
メタルパーツと合わせてカジュアルアップ。
細めのアーティスティックワイヤーを使って
ほどよいロマンチック感をプラスして。

HOW TO MAKE　P.81

08
⏱ 30分 [通す] [つなぐ]

天然石とツユ型パールの
バングル＆ピアス

シンプルなバングルと
大きめのパールがポイントのピアス。
ターコイズとシトリンが優雅に揺れる
セットアップアクセサリー。

HOW TO MAKE P.82

LESSON ④ 光を受けて輝くジュエリーのような天然石アクセ

― ネックレス

― ピアス・イヤリング

― ブレスレット

― リング

― ヘアアクセサリー

― ブローチ

09 ⏱ 30分 [通す]

天然石とパールの
2連ブレスレット

繊細な2連のブレスレットは
トップに飾ったビーズが甘い雰囲気。
ビーズを通すだけでできる
かんたんデザイン。

HOW TO MAKE **P.83**

10 ⏱ 30分 [貼る] [巻きつける] [固める]

クリスタルとワイヤーの
リング&バングル

金具にクリスタルを巻きつけた
セットアップアクセサリー。
クリスタルの形は自然な作りで
メタルパーツとのミスマッチ感が◎。

HOW TO MAKE **P.84-85**

01 天然石とメタルスティックのピアス

⇨ P.66

パーツを作る

1
- D デザインピン
- A 天然石

天然石にデザインピンを通し、先を丸めたパーツを2個作る（⇨ P.180-③）。

パーツをつなぐ

2
- C 丸カン
- B メタルパーツ

1のデザインピンとメタルパーツを丸カンでつなぐ。

3
- C 丸カン
- E ピアス金具

メタルパーツのもう片端に、丸カンでピアス金具をつなぐ。もう片耳分も同様に作る。

POINT
サイズの違いを楽しもう

大／小

サイズや穴の位置が異なるものを組み合わせることでデザイン性のある作品に仕上がります。

POINT
天然石を選ぶときは、石のもつ意味にも注目

アメジスト：心の平和、誠実
クリスタル：浄化、強力なお守り
シトリン：金運アップ、
　　　　　ポジティブ思考に

※石の意味は、一般的にいわれている例のひとつです。

アメジスト／クリスタル／シトリン

完成サイズ：長さ5.2cm

使用する材料

[アメジスト]
- A 天然石（サザレ・5mm・アメジスト） —— 6個
- B メタルパーツ（スティック・1×35mm・ゴールド）—— 2個
- C 丸カン（0.6×3mm・ゴールド）– 4個
- D デザインピン（0.6×30mm・ゴールド）—— 2本
- E ピアス金具（カンつき・ゴールド）—— 1セット

[クリスタル]
- A 天然石（サザレ・5mm・クリスタル）—— 6個
- B メタルパーツ（スティック・1×35mm・ゴールド）—— 2個
- C 丸カン（0.6×3mm・ゴールド）– 4個
- D デザインピン（0.6×30mm・ゴールド）—— 2本
- E ピアス金具（カンつき・ゴールド）—— 1セット

[シトリン]
- A 天然石（サザレ・5mm・シトリン）—— 6個
- B メタルパーツ（スティック・1×35mm・ゴールド）—— 2個
- C 丸カン（0.6×3mm・ゴールド）– 4個
- D デザインピン（0.6×30mm・ゴールド）—— 2本
- E ピアス金具（カンつき・ゴールド）—— 1セット

使用する道具
平やっとこ／丸やっとこ／ニッパー

[アメジスト]
- E ピアス金具
- C 丸カン
- B メタルパーツ
- C 丸カン
- A 天然石
- D デザインピン

[クリスタル]　[シトリン]

---

memo　天然石の品ぞろえは、専門店が充実。もちろん一般的なビーズショップでも取り扱いはあります。

02 天然石のバングル3種

⇨ P.67

パーツを巻きつける

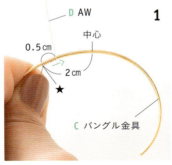

1
D AW / 中心 / 0.5cm / 2cm / ★ / C バングル金具

AWの端を、バングル金具の★から0.5cm分（10回程度）巻きつける。

↓

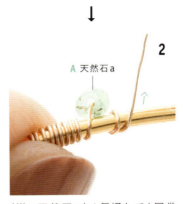

2
A 天然石a

AWに天然石aを1個通して1回巻きつけ、続けて何も通さず1回巻きつける。

↓

3
A 天然石a 5個

同様にして、2を4回くり返して天然石aを5個、バングルに巻きつける。
※ラブラドライト、ピンクオパールは同じ要領で、写真を参考に巻きつける。

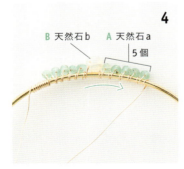

4
B 天然石b / A 天然石a / 5個

2と同様にして、天然石bを1個、続けて天然石aを5個巻きつける。

仕上げる

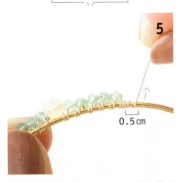

5
0.5cm

最後の天然石を留めたら、何も通さずに0.5cm分（10回程度）巻きつける。

↓

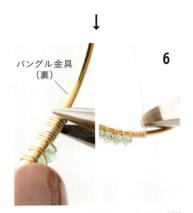

6
バングル金具（裏）

バングル金具の裏側で、余分なAWをニッパーでカットし、平やっとこでAWの端を押さえてなじませる。

完成サイズ：フリーサイズ

使用する材料

[クリソプレーズ]
- A 天然石a（ボタンカット・2mm・クリソプレーズ）──── 10個
- B 天然石b（ラウンド・4mm・プレシャスオパール）──── 1個
- C バングル金具（ゴールド）── 1個
- D AW［アーティスティックワイヤー］（#28・ノンターニッシュブラス）──── 40cm×1本

[ラブラドライト]
- A 天然石（ボタンカット・2mm・ラブラドライト）──── 9個
- B 淡水パール（ラウンド・4mm・ホワイト）──── 3個
- C バングル金具（ゴールド）── 1個
- D AW［アーティスティックワイヤー］（#28・ノンターニッシュブラス）──── 40cm×1本

[ピンクオパール]
- A 天然石（ボタンカット・3mm・ピンクオパール）──── 4個
- B 淡水パール（ライス・2mm・ホワイト）──── 10個
- C バングル金具（ゴールド）── 1個
- D AW［アーティスティックワイヤー］（#28・ノンターニッシュブラス）──── 40cm×1本

使用する道具

平やっとこ／ニッパー

[クリソプレーズ]

C バングル金具 / B 天然石b / A 天然石a / D AW

[ラブラドライト]

C / D / A 天然石 / B 淡水パール

[ピンクオパール]

C / D / A 天然石 / B 淡水パール

---

memo　バングル金具は様々なデザインのものが売られています。色、太さが違うのはもちろん、石座つきのものなども。

03　アメジストとキャンディクォーツのリング

⇨ P.68

> パーツを貼る

3

A 天然石a

天然石aをお椀に固定して貼る。

1

C リング台金具

スポンジにカッターで切り込みを入れ、リング台金具を差し込んで固定する。

完成サイズ：12号

使用する材料

A 天然石a
（ラフカット・9〜13㎜・アメジスト）——1個

B 天然石b
（ラウンド・6㎜・キャンディクォーツ／アクアピンク）——1個

C リング台金具
（お椀型台・フォークリング・12号・ゴールド）——1個

使用する道具

スポンジ／接着剤
カッター／つまようじ

↓

4

B 天然石b

反対側のお椀にも同様にして、天然石bを貼る。

↓

2

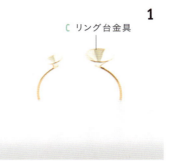

リング台金具のお椀の内側に、つまようじで接着剤を多めに塗る。

B 天然石b　A 天然石a

C リング台金具

POINT

スポンジなどを
作業台として使う

リング金具などにビーズを貼りつける場合、スポンジに切り込みを入れて金具を差し込み、乾くまでおいておくと◎。

ARRANGE

パールでシンプルに
可愛く仕上げて

天然石の代わりに片穴パールを貼りつけて上品に。天然石との色を合わせればシンプルな仕上がりに。

---

memo　パールを貼りつけたものを作るときには、片穴や穴なしのものを選びましょう。ビーズショップで販売されています。

04 ローズウォーターオパールのワイヤーリング

⇨ P.68

完成サイズ：8号（調整可能）

使用する材料

- A スワロフスキー・クリスタルa
  （#5328・3mm・
  ローズウォーターオパール）― 1個
- B スワロフスキー・クリスタルb
  （#5328・3mm・
  クリソライトオパール）――― 1個
- C 淡水パール
  （ライス・4mm・ホワイト）― 4個
- D 天然石a
  （水晶・サザレ・5mm）――― 1個
- E 天然石b
  （アクアマリン・サザレ・3mm）― 1個
- F 天然石c
  （グリーンアメジスト・
  トライアングルカット・6mm）― 2個
- G 天然石d
  （カルセドニー・マロンカット・
  10mm）――――――― 1個
- H AW［アーティスティックワイヤー］
  （#24・ノンターニッシュブラス）
  ――――――― 60cm×1本

使用する道具

平やっとこ／ニッパー
リングサイズ棒

パーツを通す

1

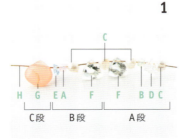

AWの中心に、写真の順にビーズを通す。天然石の穴が小さい場合があるので、割れないように注意し、無理には通さないこと。

パーツを巻きつける

2

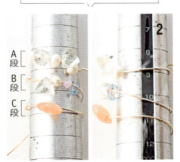

ビーズをA・B・C段に分けて配置しながら、AWをリングサイズ棒に巻きつける。B段が作りたいサイズのプラス2号分になるよう巻きつける（ここでは8号サイズを作るため、B段は10号に合わせる）。

3

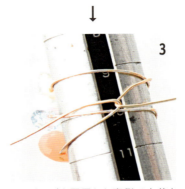

2でビーズを配置した裏側で交差させ、1回ねじる。

4

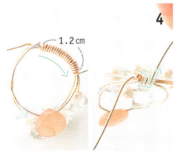

リングサイズ棒からAWを外し、AWの片端を、A～C段を合わせた3本のAWにぐるぐると巻きつけていく。天然石の根元まで（ここでは1.2cm分）、AWが重ならないように巻きつける。

5

余分なAWをリングの外側（肌に当たらない部分）でカットし、先端を平やっとこで押さえてなじませる。AWの先端がとび出ていると、衣服にひっかけることがあるので、ていねいに始末する。

6

残りの片側も4、5と同様にして作る。

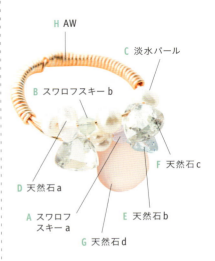

memo　芯がなければ難しい作品です。リングサイズ棒がない場合、太めのサインペンなどで代用しましょう。

05 マザーオブパールのクロスブレスレット

⇨ P.69

▼ パーツを作る

パーツあ4個、い4個、う5個、え7個、お3個、か6個、き8個を作る。竹ビーズ、コットンパールにはTピンaをそれぞれ通して先を丸める（⇨ P.180-3）。天然石、ガラスビーズ、マザーオブパールにはTピンbをそれぞれ通して先を丸める。特大ビーズには丸カンを、チェコビーズには三角カンをそれぞれつなぐ（⇨ P.180-1）。

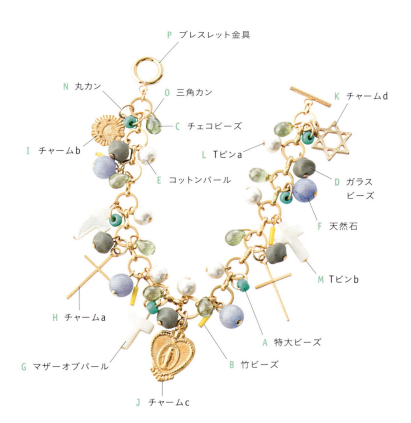

完成サイズ：手首回り18.5cm

使用する材料

- A 特大ビーズ（3mm・ターコイズ）― 6個
- B 竹ビーズ（6mm・イエロー）― 4個
- C チェコビーズ（ドロップ横穴・5×7mm・オリーブラスター）― 8個
- D ガラスビーズ（変形ラウンド・7mm・グレー）― 5個
- E コットンパール（ラウンド・6mm・ホワイト）― 7個
- F 天然石（ラウンド・8mm・キャンディーストーン/パープル）― 4個
- G マザーオブパール（クロス・10×14mm・ホワイト）― 3個
- H チャームa（クロス・24×13mm・ゴールド）― 2個
- I チャームb（スタームーンマタル・11mm・ゴールド）― 1個
- J チャームc（ハートリリィジョン・23×15mm・ゴールド）― 1個
- K チャームd（六角星・13×17mm・ゴールド）― 1個
- L Tピンa（0.6×20mm・ゴールド）― 11本
- M Tピンb（0.6×30mm・ゴールド）― 12本
- N 丸カン（0.8×6mm・ゴールド）― 11個
- O 三角カン（0.6×5mm・ゴールド）― 8個
- P ブレスレット金具（18.5cm・ゴールド）― 1個

使用する道具

平やっとこ／丸やっとこ／ニッパー

ARRANGE

天然石の色を変えて女性らしさアップ

天然石の色をブルーからピンクに変えるだけで、一気に女性らしくなります。少しくすんだ色味を選ぶと子どもっぽくなりません。

memo　ブレスレット金具は、手首回りのサイズに合った長さを用意して。パーツをつける位置は臨機応変に調節しましょう。

2

ブレスレット金具の指定の位置に、丸カンをつなげたチャームa、b、c、dと1のパーツ⑪うおをつなぐ。

↓

3

指定の位置にパーツあかをつなぐ。

↓

4

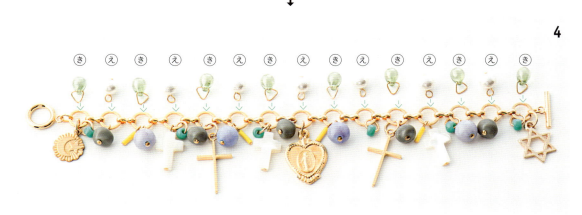

指定の位置にパーツえきをつなぐ。

memo　マザーオブパールも天然石の一種。母性の象徴とされ、安産や子孫繁栄のパワーがあるといわれます。

06 ビンテージビーズのブレスレット

⇨ P.70

パーツを作る

ビーズにTピンを通して先を丸めたパーツあいうえおかを1個ずつ作る（⇨ P.180-③）。ビーズに9ピンを通して先を丸めたパーツきくけこさを1個ずつ作る。

パーツをつなぐ

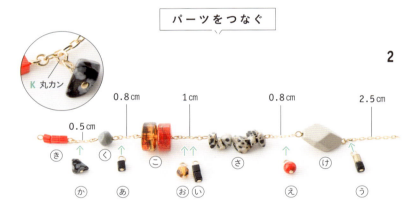

9ピンのカンを開いて、チェーンと1のパーツき〜さを写真のとおりにつなぎ、1のパーツあ〜かをそれぞれ丸カンでつなぐ。チェーンの中心にくるようにつなぐとバランスがよい。

↓

完成サイズ：手首回り18cm

使用する材料

- A スクエアビーズa（3mm・ブラック） —— 4個
- B スクエアビーズb（3mm・レッド） —— 3個
- C ガラスビーズ（変形・7mm・グレー） —— 1個
- D アクリルビーズa（ディスク・14×7mm・レッド） —— 1個
- E アクリルビーズb（ディスク・14×7mm・ブラウン） —— 1個
- F アクリルビーズc（変形・7×5mm・ブラウン） —— 1個
- G アクリルビーズd（変形カット・20×11mm・グレー） —— 1個
- H 天然石a（ラウンド・6mm・サンゴ） —— 1個
- I 天然石b（サザレ・5〜10mm・ダルメシアンジャスパー） —— 7個
- J メタルビーズ（スクエア・3mm・ゴールド） —— 1個
- K 丸カン（0.6×3mm・ゴールド） - 17個
- L Tピン（0.6×30mm・ゴールド） —— 6本
- M 9ピン（0.6×40mm・ゴールド） —— 5本
- N マンテル（ゴールド） —— 1セット
- O チェーン（ゴールド） —— 0.5cm×1本、0.8cm×2本、1cm×1本、2.5cm×1本

使用する道具

平やっとこ／丸やっとこ／ニッパー

3

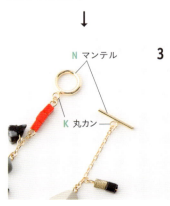

両端に丸カンでマンテルのリングとバーをそれぞれつなぐ。

07 クリスタルのトライアングルピアス

⇨ P.71

パーツを作る

1

AWの中心まで天然石を通し、1cm分ねじり合わせる。

↓

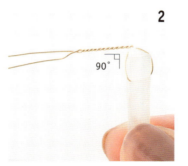

2

AWをねじった根元から90度曲げる。

↓

3

AWをめがね留めする（⇨ P.181-④）。AWを丸やっとこに巻きつけ、ねじり合わせた部分を輪にする。

4

3の輪を平やっとこで押さえ、輪の根元に1周半巻きつける。

↓

5

天然石の後ろ側で、ニッパーでAWをカットし、平やっとこでAWの先端を押さえてなじませる。

パーツをつなぐ

6

丸カンにメタルフープ、5の輪、ピアス金具の順に通し、全体をつなぐ。もう片耳分も同様に作る。

完成サイズ：横1.9×縦3.7cm

使用する材料

A 天然石（水晶・ラフカット・23mm） ── 2個
B メタルフープ（トライアングル・20×25mm・ゴールド） ── 2個
C 丸カン（0.7×6mm・ゴールド） ── 2個
D ピアス金具（カン付き・ゴールド） ── 1セット
E AW［アーティスティックワイヤー］（#26・ノンターニッシュブラス） ── 10cm×2本

使用する道具

平やっとこ／丸やっとこ／ニッパー

D ピアス金具
C 丸カン
E AW
B メタルフープ
A 天然石

ARRANGE

メタルフープで個性を出して

メタルフープの形を三角から丸に変えればやさしい印象に。丸のほかに四角などにも挑戦してみて。

memo　天然石はラウンドやしずく型に加工されて販売されることもありますが、この作品の水晶のような形は「ラフカット」といいます。

08　天然石とツユ型パールのバングル＆ピアス

⇨ P.72

─ ピアス ─

パーツを作る

1

あ：D Tピン、B 天然石a
い：C 天然石b

天然石にTピンを通して先を丸めたパーツあいを1個ずつ作る（⇨ P.182-③）。

パーツをつなぐ

2

A コットンパール / E 9ピン / カン

9ピンのカンを開いて1のパーツをつなぎ、コットンパールを通して先を丸める。

3

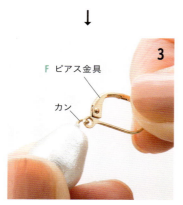

F ピアス金具 / カン

2で丸めたコットンパールのカンにピアス金具をつなぐ。もう片耳分も同様に作る。

─ バングル ─

パーツを通す

1

D ワイヤーブレスレット金具

ワイヤーブレスレット金具の片端に接着剤を塗り、付属の先端パーツをつけて乾かす。

2

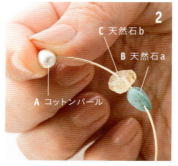

C 天然石b / B 天然石a / A コットンパール

1の反対側から、天然石a、天然石b、コットンパールの順に通す。

3

ワイヤーブレスレットのもう片端にも、1と同様に接着剤で先端パーツをつけて乾かす。

完成サイズ：バングル／フリーサイズ
ピアス／長さ4.6cm

使用する材料

[バングル]

- A コットンパール（ラウンド・6mm・ホワイト）——— 1個
- B 天然石a（ラフカット・8mm・ターコイズ）——— 1個
- C 天然石b（ラフタンブル・5〜9mm・シトリン）——— 1個
- D ワイヤーブレスレット金具（1連・60mm・ゴールド）——— 1個

[ピアス]

- A コットンパール（ツユ・12×16mm・ホワイト）——— 2個
- B 天然石a（ラフカット・8mm・ターコイズ）——— 2個
- C 天然石b（ラフタンブル・5〜9mm・シトリン）——— 2個
- D Tピン（0.7×30mm・ゴールド）——— 4本
- E 9ピン（0.7×30mm・ゴールド）——— 2本
- F ピアス金具（フレンチフック・ゴールド）——— 1セット

使用する道具

平やっとこ／丸やっとこ／ニッパー／接着剤

[バングル]

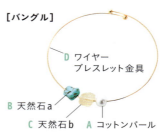

D ワイヤーブレスレット金具 / B 天然石a / C 天然石b / A コットンパール

[ピアス]

F ピアス金具 / E 9ピン / A コットンパール / C 天然石b / B 天然石a / D Tピン

---

memo　コットンパールとは、コットン（綿）を圧縮して、表面にパール加工をほどこしたもの。とても軽く、独特の風合いで人気です。

09 天然石とパールの2連ブレスレット

⇨ P.73

完成サイズ：手首回り16cm
（アジャスター5cm）

使用する材料

A チェコガラスパール（ラウンド・2mm・ホワイト）――― 70個
B チャーム（6×3.6mm・クリスタル×ゴールド）――― 1個
C 天然石（クオーツ・ボタンカット・3mm・ホワイトオパール）― 56個
D 丸カン（0.5×3mm・ゴールド）――― 1個
E Cカン（0.55×3.5×2.5mm・ゴールド）――― 2個
F ボールチップ（ゴールド）― 4個
G カシメ玉（ゴールド）――― 4個
H 引き輪（ゴールド）――― 1個
I アジャスター（ゴールド）― 1個
J ナイロンコートワイヤー（0.3mm・ゴールド）――― 25cm×2本

使用する道具

平やっとこ／丸やっとこ／ニッパー
目打ち

> **パーツを通す**

1

ナイロンコートワイヤーの片端をボールチップとカシメ玉で始末する（⇨P.185-8）。

↓

2

チェコガラスパールを35個通す。

↓

3

チャームに丸カンをつなぎ、丸カンを2のナイロンコートワイヤーに通す。

4

続けてチェコガラスパールを35個通し、ナイロンコートワイヤーのもう片端をボールチップとカシメ玉で始末する（⇨P.185-8）。

↓

5
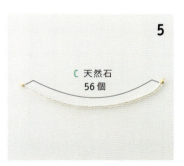

1と同様にナイロンコートワイヤーの片端をボールチップとカシメ玉で始末し、天然石を56個通す。もう片端もボールチップとカシメ玉で始末する。

> **仕上げる**

6

4と5のパーツの両端のボールチップをまとめてCカンでつなぎ、Cカンに引き輪、アジャスターをそれぞれつなぐ。

memo　ナイロンコートワイヤーはテグスよりも強度があるので重みのあるビーズを通すのに向いています。

10　クリスタルとワイヤーのリング＆バングル

⇨ P.73

━━ リング ━━

パーツを貼る

1　A 水晶／B リング台金具

リング台の丸皿につまようじで接着剤を塗り、水晶を穴が側面にくるように貼って乾かす。

パーツを巻きつける

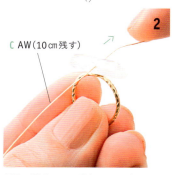

2　C AW（10cm残す）

AWの端を10cm残して1の水晶に通す。

↓

3

3回巻く

AWを水平方向に、水晶と丸皿の間に3回巻きつける。

↓

4

水晶を飾るように、水晶に3〜4回巻きつける。丸皿の内側にはAWが渡らないように注意。

↓

5　0.5cm

2で残した10cmのAWと合わせて1cm分ねじり、0.5cm残してニッパーでカットする。AWの端は、平やっとこで水晶とリング台金具の間に隠す。

↓

6　D UVレジン

水晶とAWの隙間をうめるように、つまようじでUVレジンを塗る。

完成サイズ：リング／5号
バングル／フリーサイズ

使用する材料

[リング]
A 水晶（スティック・0.5×2cm・クリスタルAB）　　　　1個
B リング台金具（丸皿つき4mm・5号・ゴールド）　　　　1個
C AW［アーティスティックワイヤー］（#28・ゴールド）　30cm×1本
D UVレジン　　　　　　　　　　　　適量

[バングル]
A 水晶（スティック・0.5×2cm・クリスタルAB）　　　　1個
B バングル金具（ゴールド）　1個
C AW［アーティスティックワイヤー］（#28・ゴールド）　60cm×1本
D UVレジン　　　　　　　　　　　　適量

使用する道具

平やっとこ／ニッパー
UVライト／接着剤／つまようじ

[リング]

B リング台金具／D UVレジン／A 水晶／C AW

[バングル]

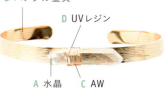

B バングル金具／D UVレジン／A 水晶／C AW

※UVレジンの硬化時間は4〜5分が目安。

---

memo　少しラフな仕上がりになるように作ると、マニッシュでかっこいい仕上がりになります。ただし固定する部分などはきっちりと。

LESSON ④ 光を受けて輝くジュエリーのような天然石アクセ

ネックレス｜ピアス・イヤリング｜ブレスレット｜リング｜ヘアアクセサリー｜ブローチ

固める

7

UVライトを当てて硬化させる。隙間がうまるまで**6**、**7**をくり返す。

== バングル ==

パーツを貼る

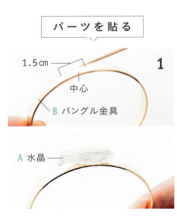

1

1.5cm／中心／**B** バングル金具

A 水晶

バングル金具の中央に1.5cm分ほどつまようじで接着剤を塗り、水晶を穴が側面にくるように貼って乾かす。

パーツを巻きつける

2

C AW（10cm残す）

AWの端を10cm残して**1**の水晶に通す。

3

2周させる

水晶の穴に再び通し、AWを2周させる。

↓

4

バングルと水晶にまとめて、AWを8〜12回ほど巻きつける。幅や回数は仕上がり状態の好みで調整する。

↓

5

0.5cm

2で残した10cmのAWと合わせて1cm分ねじり、0.5cm残してニッパーでカットする。

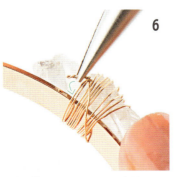

6

AWの端は、平やっとこで水晶とバングル金具の間に隠す。

↓

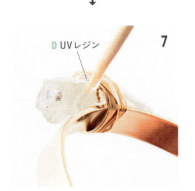

7

D UVレジン

水晶とAWの隙間をうめるように、つまようじでUVレジンを塗る。

固める

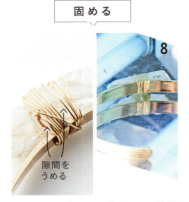

8

隙間をうめる

UVライトを当てて硬化させる。隙間がうまるまで**7**、**8**をくり返す。

085　memo　UVレジンがない場合は、接着剤で代用可能です。その際、ビーズ用接着剤を使用しましょう。

LESSON → 5

HANDMADE ACCESSORIES LESSON BOOK

週末のための
大胆大ぶり
アクセサリー

大きいパーツを使ったアクセサリーは華やかに着飾りたいときの強い味方。顔回りをぱっと明るくしてくれる。

02 ⏱30分 つなぐ

2色のドロップストーンとコットンパールのピアス

ブラックとブラウンのパーツがどこかレトロな印象を与える。大小のパールでエレガントに。

HOW TO MAKE P.98

01 ⏱60分 通す 編む

ビンテージ風パーツのイヤリング

ビンテージのような大きめパーツを使ったイヤリング。パールをプラスして女性らしく仕上げて。

HOW TO MAKE P.92-93

03 30分 つなぐ

フェザーの大ぶりピアス

大きめのフェザーで作ったピアスは
コーディネートのアクセントに。
天然石やチェーンと組み合わせて
繊細さを演出して。

HOW TO MAKE P.94-95

05 ⏱30分 [通す] [結ぶ]

**アクリルビーズの
キャンディブレスレット**

カラフルなキャンディのようなパーツが
キッチュで可愛いブレスレット。
間にロンデルを入れて華やかに。

HOW TO MAKE　P.99

04 ⏱60分 [つなぐ]

**アースカラーの
大ぶりロングネックレス**

ウッド系とアースカラーのパーツが
やさしい印象のロングネックレス。
大ぶりだけど、実はつなげるだけ。

HOW TO MAKE　P.96-97

LESSON ⑤ 週末のための大胆大ぶりアクセサリー

ネックレス ピアス・イヤリング ブレスレット リング ヘアアクセサリー ブローチ

07

06

07 ⏲60分 [巻きつける]

しずく型の
エスニックピアス

天然石とゴールドのパーツが
エスニックな雰囲気を放つピアス。
華やかな横顔を作ってくれる。

HOW TO MAKE P.101

06 ⏲60分 [つなぐ]

ロザリオ風
ロングネックレス

シンプルで美しいロングネックレス。
使うメタルパーツは大きければ
大きいほどアクセントに。

HOW TO MAKE P.100

089

08 ⏱ 120分 [縫う]

ティラビーズの
ラダーワークブレスレット

ビーズをラダーワークという技法で
ひもに縫いつけたブレスレット。
同系色のビーズで大人可愛く。

HOW TO MAKE P.102-104

09 ⏱ 60分 [つなぐ]

丸小ビーズの
フリンジピアス

丸小ビーズをつないで作ったフリンジは
動くたびに揺れる繊細さが魅力。
ワンポイントとしてメタルビーズを飾って。

HOW TO MAKE P.105

LESSON ⑤ 週末のための大胆大ぶりアクセサリー

ネックレス ピアス・イヤリング ブレスレット リング ヘアアクセサリー ブローチ

11

10

11 ⏱60分 [縫う]

カラフルな花びらの
イヤーカフ

半透明のスパンコールが
花びらのように広がるイヤーカフ。
スモークカラーのデリカビーズがポイント。

HOW TO MAKE P.108-109

10 ⏱60分 [縫う]

大きなお花の
イヤーカフ

大きな花が咲いたような
存在感のあるデザイン。
丸いフォルムが可愛らしい。

HOW TO MAKE P.106-107

01　ビンテージ風パーツのイヤリング

⇨ P.86

ビーズを通す

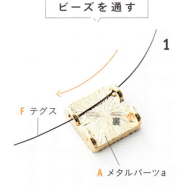

1

F テグス
A メタルパーツa
裏

メタルパーツaの足2カ所にテグスを通す。

シャワー台に編む

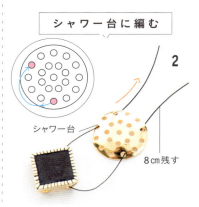

2

シャワー台
8cm残す

テグスの端をそれぞれイヤリング金具のシャワー台の指定の穴に通し、片端は8cm残す。

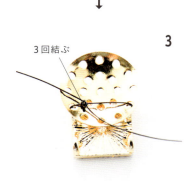

3

3回結ぶ

テグスを裏で合わせ、3回結ぶ。

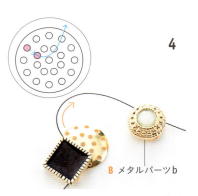

4

B メタルパーツb

長い方のテグスをシャワー台の指定の穴から出し、メタルパーツbの足2カ所にテグスを通す。

↓

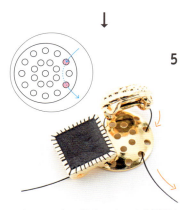

5

シャワー台の指定の穴に2カ所通し、テグスを表に出す。

↓

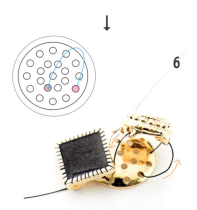

6

4で通さなかったメタルパーツbの足2カ所にテグスを通し、シャワー台の指定の穴から出す。

完成サイズ：横2×縦2cm

使用する材料

- **A** メタルパーツa（スクエア足つき・10mm・ブラック×ゴールド）——— 2個
- **B** メタルパーツb（ラウンド足つき・10mm・グリーン×ゴールド）——— 2個
- **C** キュービックジルコニア（ラウンド爪つき・4mm・クリスタル×ゴールド）——— 2個
- **D** ガラスパール（ラウンド・6mm・ホワイト）——— 4個
- **E** イヤリング金具（シャワー・14mm・ゴールド）——— 1セット
- **F** テグス（3号・クリア）——— 35cm×2本

使用する道具

平やっとこ／はさみ／接着剤
つまようじ／布または厚手のビニール

D ガラスパール
B メタルパーツb
C キュービックジルコニア
F テグス
A メタルパーツa
E イヤリング金具

イヤリングの中心

※ プロセスでは、テグスの色を黒に変えて制作しています。

---

memo　シャワー台へのテグスの通し方は、やりづらかったり強度が気になる場合は図の通りにしなくても固定されれば問題ありません。

7 C キュービックジルコニア

キュービックジルコニアを1個通し、テグスをシャワー台の指定の穴に通して引きしめる。

↓

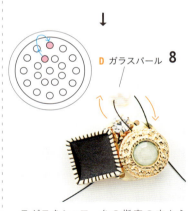

8 D ガラスパール

テグスをシャワー台の指定の穴から出し、ガラスパールを1個通し、指定の穴に通して引きしめる。

↓

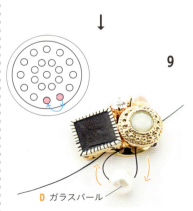

9 D ガラスパール

テグスをシャワー台の指定の穴から出し、ガラスパールを1個通し、指定の穴に通して引きしめる。

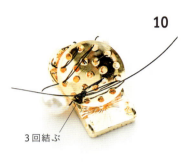

10 3回結ぶ

テグスを裏で合わせ、3回結ぶ。

↓

11

結び目につまようじで接着剤をつけて余分なテグスをはさみでカットする。

仕上げる

12 E イヤリング金具

シャワー台をイヤリング金具につける（⇨ P.186-14）。まずはイヤリング金具のツメを2本、平やっとこで倒す。

13

倒したツメにシャワー台をスライドさせてはさむ。中心を合わせてパーツの傾きを調整する。

↓

14

残りのツメも平やっとこで倒す。このとき金具に傷がつかないように、布や厚手のビニールなどをはさんで行う。もう片耳分も、左右対称になるように作る。

POINT

イヤーアクセは左右対称が基本

反対側は左右対称になるようにパーツを留めます。テグスをシャワー台の穴に通すときは図を参照しながら対称に作ります。

---

memo　アンティークのボタンなどを使用してもビンテージの風合いが出て素敵です。ボタン専門店や雑貨店などで探しても。

03 フェザーの大ぶりピアス

⇨ P.87

=== キンケイ ===

パーツをつなぐ

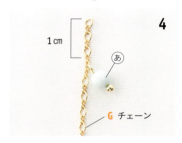
4
1cm
あ
G チェーン

チェーンの端から1cmのところに、**3**のパーツⓐのカンを開いてつなぐ（⇨ P.180-①）。

↓

5
い
G チェーン
F ピアス金具

ピアス金具のカンを開いて、**2**のカシメ留め金具のカン、**4**のチェーン、**3**のパーツⓘの順に通してつなぐ。もう片耳分も同様に作る。

ARRANGE

フェザーと天然石の色味を合わせて

パーツを変えるときは、フェザーと天然石の色味を同系色でそろえるとすっきりまとまります。

パーツを作る

1
芯 0.5cm
A フェザー

フェザーの根元0.5cm分の羽をむしり、芯を出す。

↓

2
E カシメ金具

1を2枚用意し、少しずらして重ね、カシメ金具でまとめて始末する（⇨ P.185-⑪）。

↓

3
D デザインピン
ⓐ　ⓘ
B 天然石　C スワロフスキー

天然石、スワロフスキーにそれぞれデザインピンを通して先を丸めたパーツⓐⓘを1個ずつ作る（⇨ P.180-③）。

完成サイズ：長さ8cm

使用する材料

[キンケイ]

A フェザー（4cm・キンケイ） — 4枚
B 天然石（ラウンド・4mm・ミントグリーンジェイド） — 2個
C スワロフスキー（#5601・4mm・クリスタル） — 2個
D デザインピン（0.6×30mm・ゴールド） — 4本
E カシメ金具（2mm・ゴールド） — 2個
F ピアス金具（U字フック・ゴールド） — 1セット
G チェーン（ゴールド） — 8cm×2本

使用する道具

平やっとこ／丸やっとこ／ニッパー

F ピアス金具
C スワロフスキー
E カシメ金具
D デザインピン
B 天然石
A フェザー
G チェーン

---

memo　フェザーは様々な種類があり、はじめからカシメ金具がついているものもあります。

ヤマドリ

1. フェザーを2枚まとめてカシメ金具で始末する。
2. 合皮ひもは半分に折り、折った部分をカシメ留め金具で始末する（⇨P.185-11）。
3. 天然石aに9ピンを通して先を丸めたパーツを6個つなぎ（⇨P.180-3）、先端に天然石bをAWでめがね留めしたパーツをつなぐ（⇨P.181-4）。
4. ピアス金具のカンを開き、2→1→3の順に通してつなぐ。もう片方も同様に作る。

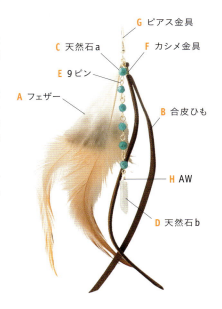

A フェザー
C 天然石a
G ピアス金具
F カシメ金具
E 9ピン
B 合皮ひも
H AW
D 天然石b

完成サイズ：長さ26cm

使用する材料
[ヤマドリ]

- A フェザー（10cm・ヤマドリ）── 4枚
- B 合皮ひも（3mm幅・こげ茶）── 26cm×2本
- C 天然石a（ターコイズ・ラウンド・4mm）── 12個
- D 天然石b（水晶・スティック・10mm）── 2個
- E 9ピン（0.6×20mm・ゴールド）── 12本
- F カシメ金具（4mm・ゴールド）── 2個
- G ピアス金具（U字フック・ゴールド）── 1セット
- H AW［アーティスティックワイヤー］（#25・ノンターニッシュブラス）── 5cm×2本

クジャク

1. フェザーを2枚まとめてカシメ金具で始末する（⇨P.185-11）。
2. スワロフスキー、天然石にそれぞれデザインピンを通して先を丸めてパーツを1個ずつ作る（⇨P.180-3）。
3. メタルパーツのワイヤーに丸カンをつなぐ。
4. フープピアス金具を2→1→3の順に通す。もう片方も同様に作る。

H フープピアス金具
G カシメ金具
F 丸カン
D メタルパーツ
A スワロフスキー
B 天然石
E デザインピン
C フェザー

完成サイズ：長さ10cm

使用する材料
[クジャク]

- A スワロフスキー（#5328・4mm・ダークインディゴ）── 2個
- B 天然石（ブルーレース・ラウンド・8mm）── 2個
- C フェザー（10cm・クジャク）── 4枚
- D メタルパーツ（ワイヤーボール・10mm・ゴールド）── 2個
- E デザインピン（0.6×30mm・ゴールド）── 4本
- F 丸カン（0.5×4mm・ゴールド）── 2個
- G カシメ金具（2mm・ゴールド）── 2個
- H フープピアス金具（20mm・ゴールド）── 1セット

memo　天然フェザーがくたっとしたり、割れたりした場合は、蒸気をあててからドライヤーをかけて。ふわふわな感触が戻ります。

04　アースカラーの大ぶりロングネックレス

⇨ P.88

パーツを作る

1

- A アクリルa　あ×10個
- B アクリルb　い×8個
- C アクリルc　う×6個
- D アクリルd　え×1個
- E アクリルe　お×1個
- J ウッドa　か×3個
- Q 9ピンa

ビーズに9ピンaを通して先を丸めたパーツあを10個、いを8個、うを6個、えおを1個ずつ、かを3個作る（⇨ P.180-3）。

完成サイズ：首回り88cm

使用する材料

- A アクリルビーズa（ラウンド・8mm・カーキ）── 11個
- B アクリルビーズb（ラウンド・10mm・カーキ）── 8個
- C アクリルビーズc（ラウンド・12mm・カーキ）── 6個
- D アクリルビーズd（ラウンド・12mm・ピンク）── 1個
- E アクリルビーズe（ナゲット・13mm・ライトトパーズ）── 1個
- F アクリルビーズf（ナゲット・17mm・グリーン）── 1個
- G アクリルビーズg（ナゲット・19×20mm・アイボリー）── 1個
- H アクリルビーズh（多角形・24×16mm・ベージュ）── 1個
- I アクリルビーズi（オーバル・33×19mm・ピンク）── 1個
- J ウッドビーズa（コイン・11mm・ブラウン）── 3個
- K ウッドビーズb（フープ・25mm・ブラウン）── 1個
- L ウッドビーズc（フープ・32mm・ブラウン）── 1個
- M 透かしパーツ（25mm・アンティークゴールド）── 1個
- N 丸カンa（0.8×4mm・ゴールド）── 2個
- O 丸カンb（1.0×5mm・ゴールド）── 33個
- P 丸カンc（1.2×12mm・金古美）── 10個
- Q 9ピンa（0.7×20mm・ゴールド）── 30個
- R 9ピンb（0.7×40mm・ゴールド）── 4個
- S カニカン（ゴールド）── 1個
- T チェーン（ゴールド）── 11.5cm×1本、16.5cm×1本、5コマ

使用する道具

平やっとこ／丸やっとこ／ニッパー

memo　「パーツを作ってつないでいくだけ」と、作りやすい割に見栄えがいいデザインなので、デビュー作にもおすすめです。

LESSON ⑤ 週末のための大胆大ぶりアクセサリー

4

- K ウッドb
- L ウッドc
- P 丸カンc ×2個
- P 丸カンc ×3個
- P 丸カンc ×2個
- T チェーン1コマ
- P 丸カンc ×3個

ウッドビーズb、cを写真のように丸カンcとチェーン1コマでつなぐ。

3

- A アクリルa
- さ
- 小さく丸める

アクリルビーズaに9ピンaを通して先を丸めたパーツ⑤を、1個作る。他のパーツより小さめに丸める。

2

- き
- く
- け
- こ
- R 9ピンb
- I アクリルi
- H アクリルh
- G アクリルg
- F アクリルf

ビーズに9ピンbを通して先を丸めたパーツ⑧⑨⑩⑪を1個ずつ作る。

パーツをつなぐ

5

- T チェーン11.5cm
- S カニカン
- あ
- い
- か
- い
- お
- O 丸カンb
- 4のパーツ
- う
- く
- け
- T チェーン16.5cm
- あ
- か
- い
- え
- い
- か
- き
- N 丸カンa
- T チェーン1コマ
- M 透かしパーツ
- T チェーン1コマ
- う
- こ
- う

写真を参考に、1〜4のパーツを丸カン中（★の部分）でつなぐ。透かしパーツは丸カンaとチェーンのコマでつなぐ。先端にはチェーンをつなぎ、チェーンの片端には丸カンbでカニカン、もう片端には⑤をつなぐ。

02 2色のドロップストーンとコットンパールのピアス

⇨ P.86

パーツを作る

1

H Tピン　H Tピン
A コットンパールa　B コットンパールb
あ×6個　い×4個

コットンパールa、bにそれぞれTピンを通して先を丸めたパーツあを6個、いを4個作る（⇨ P.180-③）。

↓

2

G 三角カン
C 天然石a　D 天然石b
う×1個　え×1個

天然石a、bにそれぞれ三角カンをつないだ、パーツうえをそれぞれ1個ずつ作る。

パーツをつなぐ

3

F 丸カン　E メタルリング
い　い
う　え

1と2のパーツいうえを丸カンでまとめ、メタルリングにつなぐ。

4

I ピアス金具

ピアス金具のカンを開き、**3**のメタルリングをつなぐ。

↓

5

あ3個
い

1のあと残りのいのカンを開き、**4**のメタルリングにつなぐ。丸カンの右側にい1個、あ3個の順につなぐ。

↓

6

丸カンの左側にも**5**と同じ要領で、い1個、あ3個の順につなぐ。もう片耳分も同様に作る。

完成サイズ：長さ3.7cm

使用する材料

- **A** コットンパールa（ラウンド・6mm・ホワイト）—— 12個
- **B** コットンパールb（ラウンド・8mm・ホワイト）—— 8個
- **C** 天然石a（カーネリアン・ドロップカット・12×10mm）— 2個
- **D** 天然石b（オニキス・ドロップカット・12×10mm）—— 2個
- **E** メタルリング（ラウンド・7mm・ゴールド）—— 2個
- **F** 丸カン（0.5×4.5mm・ゴールド）—— 2個
- **G** 三角カン（0.8×8mm・ゴールド）—— 4個
- **H** Tピン（0.6×20mm・ゴールド）—— 20本
- **I** ピアス金具（U字フック・ゴールド）—— 1セット

使用する道具

平やっとこ／丸やっとこ／ニッパー

I ピアス金具
E メタルリング
A コットンパールa
F 丸カン
B コットンパールb
H Tピン
C 天然石a　D 天然石b
G 三角カン

05 アクリルビーズのキャンディブレスレット

⇨ P.88

ゴムを結ぶ

すべて通したら2本どりのゴムを中心で切り、ワイヤー針を外し、全体を引きしめてゴムを本結びする（⇨ P.188-17）。

結び目を最初に通したウッドビーズaの穴に引き入れ、穴に接着剤をつける。接着剤は先端が針になっているタイプを使うと、きれいに仕上がる。

接着剤が乾いたら、余分なゴムをビーズの際でカットする。ニッパーをビーズに沿わせて切ると、穴のギリギリで切ることができる。

ビーズを通す

ワイヤー針にブレスレット用ゴムを中心まで通し、2本取りになるようビーズに通す。

ビーズの順番は、全体写真を参照して通していく。

[レッド]
- C アクリルビーズc
- D アクリルビーズd
- B アクリルビーズb
- E アクリルビーズe

[グリーン]
- F ウッドビーズa
- A アクリルビーズa
- C アクリルビーズc
- J ブレスレット用ゴム
- I メタルパーツ
- D アクリルビーズd
- H ロンデルボール
- F ウッドビーズa
- B アクリルビーズb
- E アクリルビーズe
- G ウッドビーズb

完成サイズ：手首回り16cm

使用する材料
[グリーン]
- A アクリルビーズa（ラウンドカット・15×15mm・ホワイト）—— 1個
- B アクリルビーズb（ナゲット・19×20mm・ホワイト）—— 1個
- C アクリルビーズc（ナゲット・19×20mm・グリーン）—— 1個
- D アクリルビーズd（多角形・24×16mm・イエロー）—— 1個
- E アクリルビーズe（ナゲット・30×21mm・オレンジ）—— 1個
- F ウッドビーズa（コイン・11mm・ブラウン）—— 2個
- G ウッドビーズb（オーバル・30×20mm・ブラウン）—— 2個
- H ロンデルボール（8mm・クリスタル×ゴールド）—— 1個
- I メタルパーツ（デイジー・5×1.5mm・ゴールド）—— 8個
- J ブレスレット用ゴム —— 80cm×1本

※[レッド]を作る場合、Bをサーモンピンク、Cをボルドー、Dをベージュ、Eをボルドーに変えて作る。

使用する道具
ワイヤー針／ニッパー／接着剤

memo　ごつごつとしたデザインのアクリルビーズは、「ナゲット」という名称で売られていることが多いです。

06　ロザリオ風ロングネックレス

⇨ P.89

パーツを作る

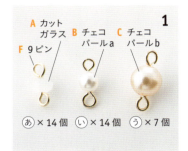

A カットガラス　B チェコパールa　C チェコパールb
F 9ピン
あ×14個　い×14個　う×7個

1

9ピンにビーズを通して先を丸めたパーツⓐを14個、ⓘを14個、ⓤを7個作る（⇨ P.180-③）。

↓

★×2個
い あ う あ い

♥×2個
い あ う あ い う あ い

▲×1個
い い あ う あ い い

2

1のパーツの9ピンを開いてつなぎ、パーツ★を2個、♥を2個、▲を1個作る。

ネック部分をつなぐ

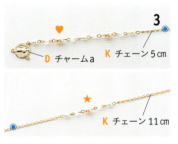

3
♥ D チャームa　K チェーン5cm
★ K チェーン11cm

2の♥の9ピンのカンを開き、チャームaとつなぐ。反対側には5cmのチェーンをつなぐ。5cmのチェーンのもう片端に、2の★の9ピンのカンを開いてつなぐ。★の反対側には11cmのチェーンをつなぐ。

4

チャームaの3でつないだカンの隣のカンにも、3と同様にパーツとチェーンをつなぐ。

Y字部分をつなぐ

5
▲　H 丸カンb　E チャームb

チャームaの下のカンに、2の▲の9ピンのカンを開いてつなぐ。▲の反対側には、丸カンbでチャームbをつなぐ。

金具をつなぐ

6
G 丸カンa　I カニカン　G 丸カンa　J アジャスター

3と4でつないだ11cmのチェーンの端に、丸カンaでカニカン、アジャスターをそれぞれつなぐ。

完成サイズ：首回り60cm

使用する材料

- A カットガラス（ボタンカット・4mm・ホワイトオパール）── 14個
- B チェコパールa（ラウンド・4mm・ホワイト）── 14個
- C チェコパールb（ラウンド・6mm・ベージュ）── 7個
- D チャームa（メダイ3カンつき・ゴールド）── 1個
- E チャームb（クロス・ゴールド）── 1個
- F 9ピン（0.6×3mm・ゴールド）── 35本
- G 丸カンa（0.6×4mm・ゴールド）── 2個
- H 丸カンb（0.6×5mm・ゴールド）── 1個
- I カニカン（ゴールド）── 1個
- J アジャスター（ゴールド）── 1個
- K チェーン（ゴールド）── 5cm×2本、11cm×2本

使用する道具

平やっとこ／丸やっとこ／ニッパー

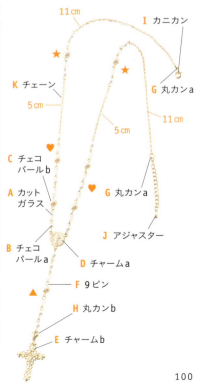

11cm　I カニカン
K チェーン　★　G 丸カンa
5cm　5cm　11cm
♥
C チェコパールb　♥　G 丸カンa
A カットガラス
J アジャスター
B チェコパールb　D チャームa
▲　F 9ピン
H 丸カンb
E チャームb

07 しずく型のエスニックピアス

⇨ P.89

パーツを作る

1

- J Tピン
- A 天然石a
- K 座金
- I 丸カン×3
- I 丸カン
- G メタルプレート

Tピンに座金と天然石aを通して先を丸めたパーツⓐを1個作る。メタルプレートに丸カンを3個つないだパーツⓘ1個と、1個ずつつないだパーツⓤを2個作る。

AWを巻きつける

2

- H ワイヤーフープ
- E 丸小ビーズ11個
- 上にわたす
- 5回
- M AW(10cm残す)

AWの端を10cm残し、ワイヤーフープの写真の位置に5回巻きつける。1列めは丸小ビーズ11個を通し、ワイヤーフープの上にわたす。

↓

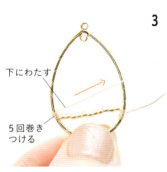

3

- 下にわたす
- 5回巻きつける

AWをフープに5回巻きつけ、フープの下をわたして折り返す。

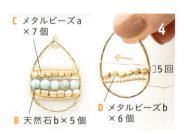

4

- C メタルビーズa×7個
- B 天然石b×5個
- D メタルビーズb×6個
- 5回

2列めはメタルビーズbを6個通し、AWを3の反対側でフープの上にわたし、5回巻きつける。同じ要領で、「ビーズを通して5回巻きつける」をくり返し、3〜6列めもフープにビーズを留めていく。3列めは天然石bを5個、4列めは竹ビーズを6個、5列めはメタルビーズaを7個、6列めは丸小ビーズを11個通し、AWを5回巻く。

↓

5

余分なAWをワイヤーフープの側面で、ニッパーでカットする。平やっとこで、AWの先端を押さえてなじませる。

全体をつなぐ

6

- L ピアス金具

1のパーツⓐ〜ⓤを写真のようにつなぎ、ワイヤーフープのカンに平やっとこでピアス金具をつなぐ。もう片耳分も同様に作る。

完成サイズ：モチーフ 長さ3.4cm

使用する材料

- **A** 天然石a（練りトルコ・ラウンド・6mm） ── 2個
- **B** 天然石b（練りトルコ・ラウンド・4mm） ── 10個
- **C** メタルビーズa（スクエア・2mm・ゴールド） ── 14個
- **D** メタルビーズb（スクエア・3mm・ゴールド） ── 12個
- **E** 丸小ビーズ（ゴールド） ── 44個
- **F** 竹ビーズ（一分竹・ゴールド） ── 12個
- **G** メタルプレート（6×5mm・マットゴールド） ── 6個
- **H** ワイヤーフープ（シズクカンつき・34×24mm・ゴールド） ── 2個
- **I** 丸カン（0.7×3.5mm・ゴールド） ── 10個
- **J** Tピン（0.6×2.0mm・ゴールド） ── 2本
- **K** 座金（6mm・ゴールド） ── 2個
- **L** ピアス金具（U字フック・ゴールド） ── 1セット
- **M** AW［アーティスティックワイヤー］（#28・ゴールド） ── 50cm×2本

使用する道具

平やっとこ／丸やっとこ／ニッパー

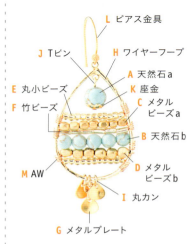

- L ピアス金具
- J Tピン
- H ワイヤーフープ
- E 丸小ビーズ
- A 天然石a
- K 座金
- F 竹ビーズ
- C メタルビーズa
- B 天然石b
- M AW
- D メタルビーズb
- I 丸カン
- G メタルプレート

memo　ワイヤーフープはシズク（ドロップ）型以外にもラウンド型などがあります。ペンダントトップにするのもおすすめ。

08 ティラビーズのラダーワークブレスレット

⇨ P.90

ビーズを縫う

1

H ビーズステッチ糸

ビーズ針

ビーズステッチ糸をビーズ針に通し、2本取りにして使う。

↓

2

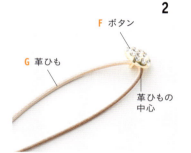

F ボタン
G 革ひも
革ひもの中心

革ひもの中心にボタンを通し、革ひもを半分に折る。

3

革ひも（★）に**1**の糸をボタンの横に結びつける。糸の中心を革ひも2本の間に下から入れ、できた輪に上から針を入れて糸を引きしめる。

↓

4

B ハーフティラビーズa

ハーフティラビーズaの片側の穴に針を入れて糸を通し、革ひも（☆）の下にわたす。

Q & A

Q 2本取りってどういう意味？

A 針にビーズステッチ糸を1本通して中央まで持っていき、ビーズステッチ糸の両端2本の糸をそろえて玉結びして2本で縫っていくこと。

完成サイズ：長さ約54cm

使用する材料

- **A** デリカビーズ（ゴールド） — 42個
- **B** ハーフティラビーズa（5×2.3×1.9mm・マットアイボリー） — 28個
- **C** ハーフティラビーズb（5×2.3×1.9mm・ホワイト） — 28個
- **D** 樹脂パール（ラウンド・3mm・ホワイト） — 42個
- **E** メタルビーズ（3×2mm・ゴールド） — 20個
- **F** ボタン（11mm・シルバー） — 1個
- **G** 革ひも（1.5mm・ベージュ） 140cm×1本
- **H** ビーズステッチ糸（#40・白） 260cm×3本

使用する道具

ビーズ針／はさみ／接着剤
つまようじ

C ハーフティラビーズb
B ハーフティラビーズa
H ビーズステッチ糸
E メタルビーズ
D 樹脂パール
G 革ひも
F ボタン
A デリカビーズ

memo　ラダーワークとは2本のひもの間ではしご（ラダー）状になるようビーズを編みつける技法です。

| 糸を変える |

9

▲の4回目の途中で、2本目のビーズステッチ糸に変える。ハーフティラビーズbの片方の穴まで編んだら針を糸から外し、糸を革ひも☆の上下に分ける。

↓

10

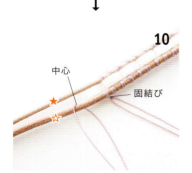
中心　固結び

裏側で糸を固結びし、糸はそのままにしておく。2本目の糸の中心を革ひも（☆）に通し、2本まとめて針に通す。

7

革ひも（☆）の上から6と同じビーズ穴に針を入れて糸を通し、革ひも（★）の上にわたして糸を引きしめる。4～7と同じ要領で、ハーフティラビーズa→b→a→b→aの順に合計5個編みつける。

↓

8

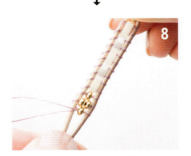

下のパターンの写真を参考に続けて編む。穴が1個のビーズも同じ要領で編みつける。ビーズのサイズが変わる場合でも無理に引きしめず、同じ力加減で編みつけていく。

5

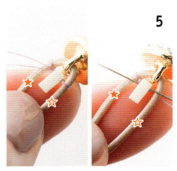

革ひも（☆）の上から4と同じビーズ穴に針を入れて糸を通し、革ひも（★）の上にわたして糸を引きしめる。

↓

6

革ひも（★）の下からハーフティラビーズaのもう一方の穴に針を入れて糸を通し、革ひも（☆）の下にわたして糸を引きしめる。

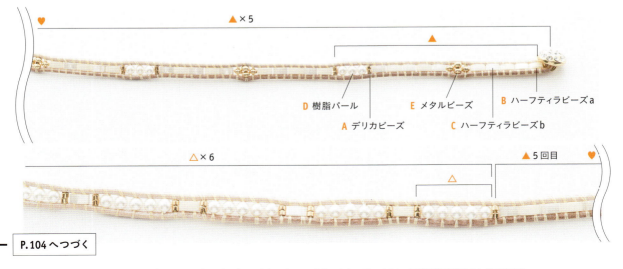

♥　▲×5　▲
D 樹脂パール　E メタルビーズ　B ハーフティラビーズa
A デリカビーズ　C ハーフティラビーズb

△×6　△　▲5回目　♥

← P.104へつづく

memo　ティラビーズのように2穴のビーズではなく、パールのように1穴のビーズでも、同じ方法で縫うことができます。

革ひもを結ぶ		

17
革ひもを結ぶ。革ひも（★）をひと結びしてできた輪に革ひも（☆）を通す。

14
写真のように、ハーフティラビーズに針を入れて糸を戻し、矢印の3カ所につまようじで接着剤を塗り、余分な糸をビーズの際でカットする。

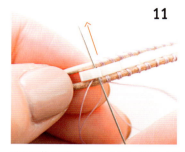
11
9で最後に通したハーフティラビーズbの穴に針を入れ、同じ要領でビーズを編みつけていく。残り糸が少なくなったら同様にして糸を変える。

↓

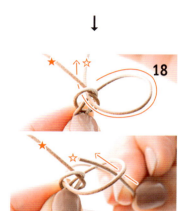
18
革ひも（☆）を写真のように通し、引きしめる。結び目が最後に編んだビーズのすぐ隣にくるように整える。

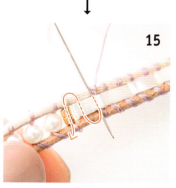
15
糸を変えたときに残しておいた糸は、最後にまとめて始末する。新たな糸で編んだビーズを写真のように拾う。

糸を始末する

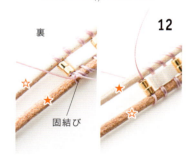
12
すべてのビーズを編みつけたら糸から針を外し、糸を革ひも（★）の上下に分け、裏側で固結びする。

↓

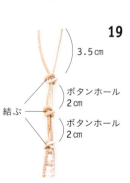
19
写真のようにボタンホールを作りながら2本引きそろえてあと2回結び、最後は3.5cm残して余分な革ひもをはさみでカットする。

16
矢印の3カ所に接着剤を塗り、余分な糸をビーズの際でカットする。

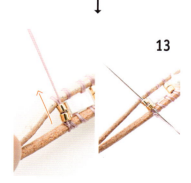
13
再び糸を針に通し、最後に編んだデリカビーズに針を入れて糸を通し、糸を引っぱって**12**でできた結び目をデリカビーズに引き入れる。

memo　革ひも（レザーコード）は、麻ひもやヘンプなどでも代用可能です。雰囲気に合ったものを選びましょう。

09 丸小ビーズのフリンジピアス

⇨ P.90

パーツを作る

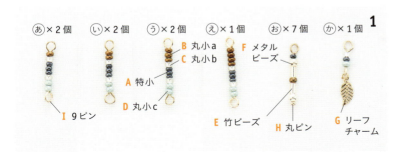

9ピン・丸ピンにビーズを通して先を丸めたパーツを作る（⇨ P.180-3）。パーツあいうえは丸小ビーズaの数を1〜4個に変えて作る。パーツかは丸めた下側の向きが縦になるように作る。

完成サイズ：モチーフ長さ6cm

使用する材料

- **A** 特小ビーズ（ネイビー）——— 58個
- **B** 丸小ビーズa（こげ金）——— 46個
- **C** 丸小ビーズb（シルバー中銀）
  ——— 30個
- **D** 丸小ビーズc（ミントグリーン）
  ——— 30個
- **E** 竹ビーズ（一分竹・ゴールド）
  ——— 28個
- **F** メタルビーズ（ラウンド・2mm・ゴールド）——— 44個
- **G** リーフチャーム（ゴールド）
  ——— 2個
- **H** 丸ピン（0.6×30mm・ゴールド）
  ——— 14本
- **I** 9ピン（0.6×30mm・ゴールド）
  ——— 18本
- **J** ピアス金具（釣針・ゴールド）
  ——— 1セット
- **K** チェーン（ゴールド）
  ——— 5cm×2本

使用する道具

平やっとこ／丸やっとこ／ニッパー

パーツをつなぐ

1のパーツあいうえのカンを開き、パーツおをそれぞれつなぐ。

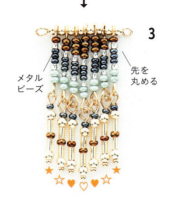

9ピンにメタルビーズと2でつないだパーツを交互に通して、丸やっとこで先を丸める。

3の9ピンのカンを開き、チェーンの端をつなぐ。同様に、チェーンのもう片端も9ピンにつなぐ。

金具をつける

ピアス金具のカンを開き、1のパーツかとチェーンの中心のコマをつなぐ。もう片耳分も同様に作る。

memo　人気のフリンジピアスは、長さやフリンジの数、ビーズの大きさを変えるだけでも雰囲気ががらりと変わります。

10 大きなお花のイヤーカフ

⇨ P.91

フェルトを切る

1 D フェルト

型紙をコピーして切り抜く。型紙をフェルトにあててボールペンやチャコペンでなぞり取り、はさみでカットしてパーツを作る。

スパンコールを縫う

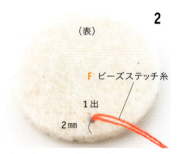

2 (表) F ビーズステッチ糸 / 1出 / 2mm

ビーズステッチ糸は2本取りにする。玉留めをして、フェルトの縁から2mmのところに、裏から表側に針を出す（1出）。

3 2入 / 1mm / 1出 / A スパンコール

スパンコールを通し、2で出したところからフェルトの中心に向かって1mmのところに針を入れる（2入）。

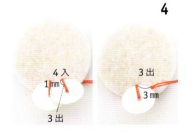

4 4入 / 1mm / 3出 / 3mm / 3出

スパンコールの際から隣の穴より3mm先から針を出す（3出）。3と同様にスパンコールを通し、穴から中心に向かって1mmのところに針を入れる（4入）。

↓

5

4と同様にくり返し、右回りに1周分スパンコールを縫いつける。スパンコールは12～15枚ほどになる。重ね具合によって変わるので、好みで調整する。

↓

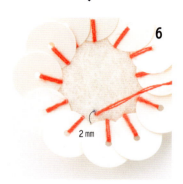

6 2mm

2周めは1周めの内側に縫いつけていく。1周目のスパンコール同士の間に、2mm上から針を出す。

完成サイズ：モチーフ直径3cm

使用する材料

- **A** スパンコール（平丸・6mm・ベージュ） ―― 40～54枚
- **B** 丸小ビーズ（赤白ストライプ） ―― 56個
- **C** イヤーカフ金具（蝶バネゴムつき・丸皿・ゴールド） ―― 1セット
- **D** フェルト（厚さ2mm・生成り） ―― 2×2cm×2枚
- **E** スエード（厚さ2mm・グリーン） ―― 2×2cm×2枚
- **F** ビーズステッチ糸（#40・ホワイト） ―― 適量

使用する道具

ビーズステッチ針／はさみ
接着剤／つまようじ
ボールペンまたはチャコペン

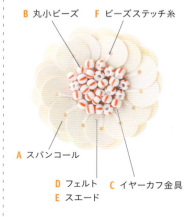

B 丸小ビーズ　F ビーズステッチ糸
A スパンコール
D フェルト　C イヤーカフ金具
E スエード

型紙

※ プロセスでは、糸の色を赤に変えて制作しています。

memo　フェルトは手芸店ほか、100円ショップでも購入できます。色展開も多いのでアクセ作りにぴったりです。

7

スパンコールを通し、1周めと同じ要領で2周めを縫いつける。2周めのスパンコールは8枚〜12枚ほどになる。

> ビーズを縫う

8 B 丸小ビーズ

中心に丸小ビーズを1個ずつ縫いつける。裏から針を入れて表に糸を出し、ビーズを通して同じ場所に針を入れる。

↓

9

8と同様にして、中心部を埋めるようにビーズ28個を縫いつける。糸は裏で玉留めして始末する。

13

円の形に切ったところ。さらにはさみで形を整える。

↓

14 C イヤーカフ金具

イヤーカフ金具の皿につまようじで接着剤を塗る。

↓

15

13のスエードにイヤーカフ金具を貼る。もう片耳分も同様に作る。

10

フェルトの裏につまようじで接着剤を塗る。

↓

11 E スエード

10をスエードの中央に貼る。

↓

12

接着剤が乾いたら、フェルトに沿ってスエードをはさみで切る。

memo　スパンコールはプラスチックや金属の小片。光を反射してキラキラ輝くので衣装などの装飾に使用されます。手芸用品店で購入可。

11 カラフルな花びらのイヤーカフ

⇨ P.91

フェルトを切る

型紙をコピーして切り抜く。型紙をフェルトにあててボールペンやチャコペンでなぞり取り、はさみでカットしてパーツを作る。

スパンコールを縫う

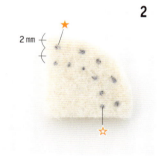

外側に5カ所、内側に6カ所、等間隔にボールペンやチャコペンで印をつける。

3

ビーズステッチ糸は2本取りにする。玉留めをして2でつけた★のところに、裏から表側に針を出してスパンコールを通す（1出）。

↓

4

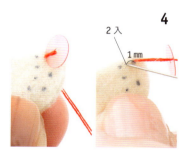

3で出したところから中心に向かって1mmのところに針を入れる（2入）。糸を引きしめると、スパンコールがやや立ち上がる。

完成サイズ：縦1.7×横2.3cm

使用する材料

ブルー×ピンク

A デリカビーズ（ブルー） —— 48個
B スパンコール（平丸・6mm・ピンク）
　　　　　　　　　　　　　—— 22枚
C イヤーカフ金具（蝶バネゴムつき・丸皿・ゴールド） —— 1セット
D フェルト（厚さ2mm・生成り）
　　　　　　　　　　　1.5×1.5cm×2枚
E スエード（厚さ2mm・グリーン）
　　　　　　　　　　　1.5×1.5cm×2枚
F ビーズステッチ糸（#40・ホワイト）
　　　　　　　　　　　　　　 適量

使用する道具

ビーズステッチ針／はさみ／接着剤
つまようじ

[ブルー×ピンク]

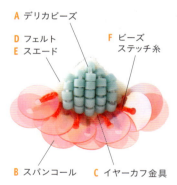

※プロセスでは、糸の色を赤に変えて制作しています。

型紙

[ブルー×ピンク]
デリカビーズ……ピンク
スパンコール……クリアブルー

※カラーバリエーションはデリカビーズとスパンコールの色を変えて作る。

[イエロー×グレー]
デリカビーズ……グレー
スパンコール……イエロー

[グリーン×パープル]
デリカビーズ……パープル
スパンコール……グリーン

デリカビーズを縫う

5

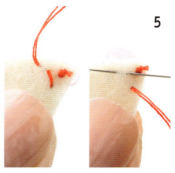

裏の目立たないところで、フェルトを小さく1針縫う。空ステッチを入れることで、強度が増す。

↓

6

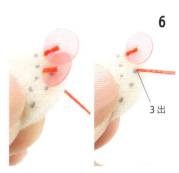

隣の印に針を出し、4と同じ要領でスパンコールを縫い留める。スパンコールは手前に重ねていく。

↓

7

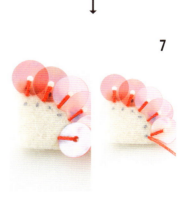

2列目は、2でつけた☆のところに針を出し、同じ要領でスパンコールを縫い留めていく。

8

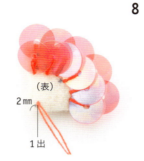

印の部分が縫い終わったら、フェルトの角から2mmのところに、裏から表側に向かって針を出す(1出)。

↓

9

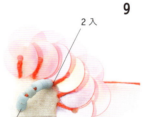

デリカビーズを6個通し、スパンコールの際に針を入れる(2入)。

↓

10

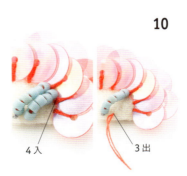

8で出した(1出)の隣に針を出す(3出)。デリカビーズを5個通し、スパンコールの際に針を入れる(4入)。

11

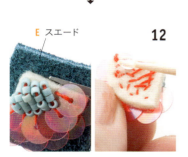

10で針を出したすぐ隣に針を出す(5出)。デリカビーズを4個通し、スパンコールの際に針を入れる(6入)。9で6個縫い留めたビーズの反対側にも同じ要領で5個、4個の順に縫い留める。糸は裏で玉留めして始末する。

↓

12

フェルトの裏につまようじで接着剤を塗り、スエードに貼る。接着剤が乾いたら、フェルトに沿ってはさみでスエードを切る。

↓

13

イヤーカフ金具の皿につまようじで接着剤を塗り、スエードにイヤーカフ金具を貼る。もう片耳も同様に作る。

memo　スエードが用意できない場合は、フェルトで代用可能です。

HANDMADE ACCESSORIES LESSON BOOK

LESSON → 6

定番アイテムに ひとひねり加える
リボン&コード

布やひも、リボンなど
異素材を組み合わせるだけで
ぐっとおしゃれな印象になる。

01　🕐 60分　結ぶ

トルコ石パーツの 平結びブレスレット

スレンダーコードという伸びるひもを使った
シンプルで繊細なブレスレット。
時計やバングルなどと重ね着けしても
大人っぽく見えるのは、平結びならでは。

HOW TO MAKE　P.116-117

LESSON ⑥ 定番アイテムにひとひねり加えるリボン&コード　ネックレス　ピアス・イヤリング　ブレスレット　リング　ヘアアクセサリー　ブローチ

02 ⏱ 30分 貼る

月と夕日のバレッタ

円と多角形の革で作った
個性派デザインのバレッタ。
ちょっとモードな印象が魅力的。

HOW TO MAKE　P.118

03 ⏱ 60分 縫う　貼る

ベルベットと
パールのバレッタ

カジュアルなコットンパールは
ベルベットと合わせてクラシカルに。
針と糸でできるシンプルアクセ。

HOW TO MAKE　P.119

05 ⏱ 30分 [縫う] [貼る]

**ボタンとリボンの
カブトピンブローチ**

クラシカルなリボンを重ねたら
ビンテージ風のボタンを添えて。
ストールや帽子にぜひ。

HOW TO MAKE P.121

04 ⏱ 60分 [編む] [通す] [つなぐ]

**三つ編みとパールの
ブレスレット**

同系色のパールは通すだけ、
ロウ引きコードは三つ編みにするだけ。
ひとつで様になる、可愛いらしいブレスレット。

HOW TO MAKE P.120

LESSON ⑥ 定番アイテムにひとひねり加えるリボン＆コード　ネックレス　ピアス・イヤリング　ブレスレット　リング　ヘアアクセサリー　ブローチ

06　120分　通す　縫う

ラッピングネックレス

グラデーションがほどこされた布で
ビーズをひと粒ひと粒包んだネックレス。
単純な作業のくり返しで作れるので
初心者でもできるアイテム。

HOW TO MAKE **P.122-123**

07 ⏱ 30分 [つなぐ]

ミニリボンのピアス

少女らしい小さなリボンには
チェコビーズで大人っぽさをプラス。
細いチェーンでエレガントに。

HOW TO MAKE **P.124**

08 ⏱ 30分 [縫う][貼る]

サテンの
フリルピアス

サテンリボンでフリルを作れば
エレガントながらもキュートな印象。
ちょっとしたお出かけにぜひ。

HOW TO MAKE **P.125**

LESSON ⑥ 定番アイテムにひとひねり加えるリボン&コード ── ネックレス

ピアス・イヤリング ── ブレスレット ── リング ── ヘアアクセサリー ── ブローチ

10 ⏱ 30分 [編む]

ダイヤレーンのブレスレット

ダイヤレーンにコードを編んだ
シンプルなブレスレット。
陽気なメタルパーツがいいアクセントに。

HOW TO MAKE **P.128**

09 ⏱ 60分 [編む] [つなぐ]

ねじり編みのブレスレット

パステルカラーの糸を
2種の編みかたでまとめて。
メタルパーツを加えて華やかに。

HOW TO MAKE **P.126-127**

11 ⏱ 15分 [貼る]

毛糸とパールを詰めた
半球イヤリング

ガラスドームに糸やパーツを詰めれば
こんなに可愛いアクセサリーができる。
羊毛を入れたほっこり温かなデザイン。

HOW TO MAKE **P.129**

01 トルコ石パーツの平結びブレスレット

⇨ P.110

コードを平結びにする

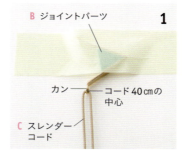

1
B ジョイントパーツ
カン
C スレンダーコード
コード40cmの中心

ジョイントパーツを作業台にマスキングテープで貼って固定し、片側のカンにスレンダーコード40cmを通し、中心で二つ折りにする。

↓

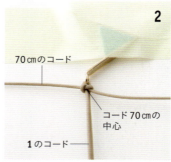

2
70cmのコード
コード70cmの中心
1のコード

1のコードに、70cmのコードの中心を1回結ぶ。

↓

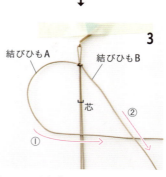

3
結びひもA
結びひもB
芯
①
②

1のコードを芯、70cmのコードを結びひもにして平結び（⇨ P.187-17）をしていく。芯に結びひもAをのせ、その上に結びひもBをのせる。

4
結びひもA
結びひもB

結びひもBを芯の下にくぐらせて左の輪から手前に出す。

↓

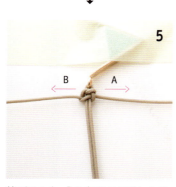

5
B A

結びひもA・Bを左右に引きしめる。ここまでで、平結び0.5回分。

↓

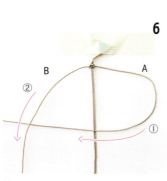

6
B A
①
②

続けて、芯に結びひもAをのせ、その上に結びひもBをのせる。

完成サイズ：
手首回り13cm〜調整可能

使用する材料

[トライアングル]

A メタルビーズ（タワラ・4mm・マットゴールド）——— 2個
B ジョイントパーツ（トライアングル・ターコイズ×ゴールド）——— 1個
C スレンダーコード（0.7mm・ダークブラウン）——— 30cm×1本、40cm×2本、70cm×2本

[レクタングル]

A メタルビーズ（タワラ・4mm・マットゴールド）——— 2個
B ジョイントパーツ（レクタングル・ターコイズ×ゴールド）——— 1個
C スレンダーコード（0.7mm・ブラウン）——— 30cm×1本、40cm×2本、70cm×2本

使用する道具

はさみ／ライター／マスキングテープ

[トライアングル]

C スレンダーコード
A メタルビーズ
B ジョイントパーツ

[レクタングル]

C スレンダーコード
A メタルビーズ
B ジョイントパーツ

---

memo　プロセス7、8で引きしめるとき、結びめが裏返らないように注意。間違えたらその都度ほどいて正しく結び進めましょう。

仕上げる

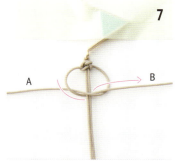

7

結びひもBを芯の下にくぐらせて右の輪から手前に出す。

↓

8

結びひもA・Bを左右に引きしめる。3〜8までで平結び1回分。

↓

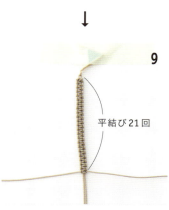

9

同じ要領で平結びを計21回結ぶ。

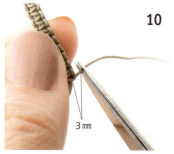

10

結びひもの先端を3mm残して、2本ともはさみで切る。芯は切らずにおく。

↓

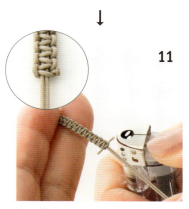

11

ひもがほつれないようにライターの火であぶり溶かして焼き留め（⇨P.188）して始末し、2カ所とも固定する。このとき、芯を燃やさないように注意。

↓

12

1〜11と同様にして、ジョイントパーツの反対側にも平結びを21回結ぶ。

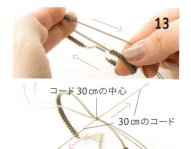

13

全体を輪にして、芯を写真のように平行に重ね、芯4本に30cmのコードの中心を1回結ぶ。

↓

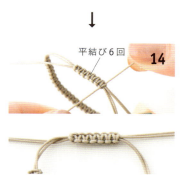

14

30cmのコードを結びひもにして、続けて平結びを6回する（このとき芯は4本になる）。結び終えたら11と同様にして糸端を始末する。

↓

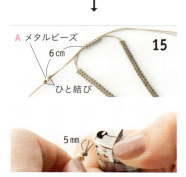

15

14の平結びから6cmのところで、芯を2本そろえて結び、メタルビーズを1個通してもう一度2本そろえて結ぶ。芯を5mm残してカットし、先端を焼き留めして始末する。もう片側の芯も同様にする。

memo　力の入れ具合によって、結ぶたびによじれてしまうこともあります。なるべく均一に力を入れるとうまくできます。

02 月と夕日のバレッタ

⇨ P.111

モチーフを作る

コピーして切り抜いた型紙をレザーの裏に当て、ボールペンやチャコペンでなぞり取り、はさみでカットしてパーツを作る。

↓

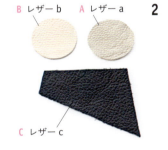

レザーa、bで円のパーツを1個ずつ、レザーcで多角形のパーツを1個作る。

モチーフを貼る

円のパーツ裏の半分くらいの範囲につまようじで接着剤を塗る。多角形のパーツの表に貼り、レザーa、bの順に重ねて貼る。

仕上げる

ヘアクリップ金具の表面につまようじで接着剤を塗り、3の裏側の多角形のパーツ部分に貼る。

完成サイズ：縦4.8×横9.2cm

使用する材料

[ブラック]
- A レザーa（ベージュ） — 4×4cm
- B レザーb（オフホワイト） — 4×4cm
- C レザーc（ブラック） — 6×10cm
- D ヘアクリップ金具（1×6cm・シルバー） — 1個

[オレンジ]
- A レザーa（ベージュ） — 4×4cm
- B レザーb（オフホワイト） — 4×4cm
- C レザーc（オレンジ） — 6×10cm
- D ヘアクリップ金具（1×6cm・シルバー） — 1個

[オフホワイト]
- A レザーa（ブラック） — 4×4cm
- B レザーb（ベージュ） — 4×4cm
- C レザーc（オフホワイト） — 6×10cm
- D ヘアクリップ金具（1×6cm・シルバー） — 1個

使用する道具

はさみ／接着剤／つまようじ／ボールペン

[ブラック]

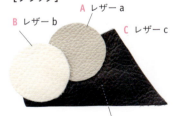

[オレンジ]

[オフホワイト]

実物大型紙

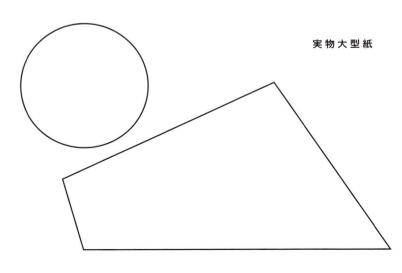

memo　色を変えたり配置を組み替えたりすれば、デザインの可能性は無限大。レザーの端切れがあればぜひチャレンジしてみて。

03 ベルベットとパールのバレッタ

⇨ P.111

モチーフを作る

ベルベットリボンの裏の端につまようじで布用接着剤を塗り、0.6cm折り返す。両端とも同様にする。

パールを縫う

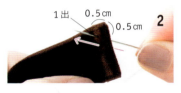

糸を針に通し、2本取りにする。玉結びして針を写真の位置（1出）に出し、コットンパールを1個通して1.8cm先に入れる（2入）。

↓

2で入れた0.7cm先に針を出す（3出）。

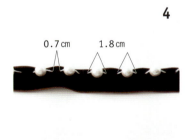

2、3と同じ要領でくり返し、コットンパール7個分をベルベットリボンに縫う。最後は裏に針を出した状態。

↓

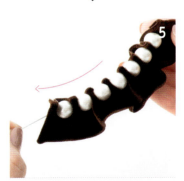

糸を引きしめてギャザーを寄せ、糸は玉留めして始末する。

金具を貼る

バレッタ金具の表面につまようじで接着剤を塗り、5の裏側の上寄り（コットンパール側）の部分に貼る。

完成サイズ：縦2.5×横9.5cm

使用する材料

[ブラウン]

A コットンパール（ラウンド・10mm・ホワイト） ── 7個
B ベルベットリボン（25mm幅・ブラウン） ── 20cm
C バレッタ金具（80mm・ゴールド） ── 1個
D 手縫い糸（黒） ── 120cm×1本

[ネイビー]

A コットンパール（ラウンド・10mm・ホワイト） ── 7個
B ベルベットリボン（25mm幅・ネイビー） ── 20cm×1本
C バレッタ金具（80mm・ゴールド） ── 1個
D 手縫い糸（黒） ── 120cm×1本

使用する道具

つまようじ／縫い針／布用接着剤

[ブラウン]

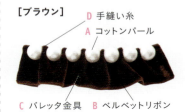

[ネイビー]

※ プロセスでは、糸の色を白にかえて製作しています。

---

memo　ベルベットリボンは、ベロア調の古着などで代用しても◎。また、100円ショップに売っている様々なリボンを活用しても。

04 三つ編みとパールのブレスレット

⇨ P.112

パーツを作る

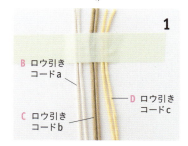

1
- B ロウ引きコードa
- C ロウ引きコードb
- D ロウ引きコードc

ロウ引きコード3種類を、写真のように左からベージュ、ブラウン、イエローの順に2本ずつ並べ、端を作業台にテープで貼って固定する。

4
- H リボン留め金具

編み地にリボン留め金具をつける（⇨ P.185-⑫）。編み地の端をリボン留め金具の奥まで差し込み、金具を平やっとこでしっかりつぶす。残りの片側も同様につける。

コードを編む

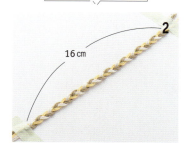

2 16㎝

2本を1セットにして、16㎝分三つ編みをする（⇨ P.187-⑰）。編み終わりも作業台にテープで貼る。

↓

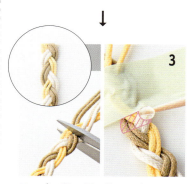

3

テープの際の編み地につまようじで接着剤を塗り、乾かす。編み地がほどけないように、両端の表裏それぞれに塗り、固定する。乾いたらテープを外し、編み地の端をはさみで切りそろえる。

ビーズを通す

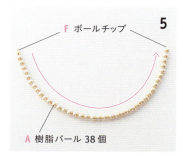

5
- F ボールチップ
- A 樹脂パール 38個

ナイロンコートワイヤーに樹脂パールを38個通し、両端をボールチップとカシメ玉で始末する（⇨ P.183-⑨）。

全体をつなぐ

6
- J アジャスター
- E Cカン
- I 引き輪
- E Cカン

4のリボン留め金具と、**5**のボールチップをCカンでまとめ、同じCカンに引き輪、アジャスターをそれぞれつなぐ。

完成サイズ：手首回り16㎝

使用する材料

- A 樹脂パール（ラウンド・4㎜・ベージュ） ─── 38個
- B ロウ引きコードa（1.2㎜・ベージュ） ─── 150㎝×2本
- C ロウ引きコードb（1.2㎜・ブラウン） ─── 150㎝×2本
- D ロウ引きコードc（1.2㎜・イエロー） ─── 150㎝×2本
- E Cカン（0.7×3.5×4㎜・ゴールド） ─── 2個
- F ボールチップ（ゴールド） ─── 2個
- G カシメ玉（ゴールド） ─── 2個
- H リボン留め金具（10㎜・ゴールド） ─── 2個
- I 引き輪（ゴールド） ─── 1個
- J アジャスター（ゴールド） ─── 1個
- K ナイロンコートワイヤー（0.3㎜） ─── 25㎝×1本

使用する道具

平やっとこ／はさみ／接着剤
マスキングテープ／つまようじ

- J アジャスター
- I 引き輪
- E Cカン
- F ボールチップ
- G カシメ玉
- H リボン留め金具
- A 樹脂パール
- D ロウ引きコードc
- B ロウ引きコードa
- C ロウ引きコードb
- K ナイロンコートワイヤー

---

memo ゆるく三つ編みをしてしまうと見栄えが悪くなります。単純に見えますが1回1回きっちり引きしめて、作りましょう。

05 ボタンとリボンのカブトピンブローチ

⇨ P.112

モチーフを作る

サテンリボンを輪にして端を5mm重ね、中心を1針縫いとめる。a2本、b1本で、それぞれ同様に作る。

↓

1の3個の輪を、a→b→aの順に写真を参考に少しずつずらして重ねる。

グログランリボンを縫う

3個に一度に針を刺し、中心を縫い留める。

3の中心にグログランリボンを巻きつけ、裏側で重ねて中心を縫う。

↓

表側のグログランリボンの中心に、ボタンを縫いつける。

金具を貼る

カブトピン金具の皿につまようじで接着剤を塗り、5の裏側の中心に貼る。

完成サイズ：
モチーフ縦4×横3.5cm

使用する材料

- A サテンリボンa（24mm幅・ブラック） ── 7.5cm×2本
- B サテンリボンb（24mm幅・ゴールド） ── 7.5cm×1本
- C グログランリボン（9mm幅・ベージュ） ── 8cm×1本
- D ボタン（パール足つき・1.8mm） ── 1個
- E カブトピン金具（皿つき・60mm・ゴールド） ── 1個
- F 手縫い糸（黒） ── 適量

使用する道具

縫い針／はさみ／接着剤／つまようじ

※プロセスでは、手縫い糸の色を赤に変えて制作しています。

memo　ボタンは手持ちのものを使用してもOK。アレンジするときには、ボタンに合わせてリボンを選ぶとデザインにまとまりが出ます。

06　ラッピングネックレス

⇨ P.113

布地を折る

1

布地の上下を5mm折り返し、アイロンで折り目をつける。

ビーズを通す

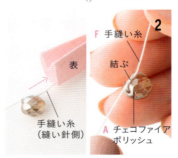

2

縫い針に手縫い糸を通し、チェコファイアポリッシュを通して手縫い糸を結ぶ。このビーズは隠れてしまうので、10mm程度のものならどんなビーズでもよい。1の布を折り目どおし合わせて縦半分に折り、布地の間に手縫い糸をはさむ。縫い針はいったん休ませておく。

布端を縫う

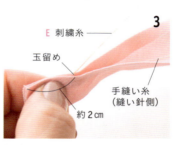

3

刺繍針に刺繍糸を3本取りで通し、手縫い糸をはさんだまま布の裏で玉留めをし、布端を縫う。

4

布端から約2cmのところに、刺繍糸を3周巻きつけ、1針縫って固定する。刺繍針はいったん休ませておく。

↓

5

2で休ませておいた縫い針に持ちかえ、手縫い糸を引っぱり、チェコファイアポリッシュを4で巻きつけた糸の位置まで持ってくる。手縫い糸にウッドビーズを1個通す。

↓

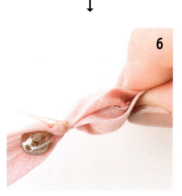

6

ウッドビーズと手縫い糸を布で包む。

完成サイズ：全長140cm

使用する材料

- A チェコファイアポリッシュ（10mm・ブラウン） ── 2個
- B ウッドビーズ（ラウンド・10mm・ナチュラル） ── 34個
- C 布地（コットン・ムラ染め） ── 幅6cm×長さ65cm
- D シルクシフォンリボン（ブラウン） ── 95cm×2本
- E 刺繍糸（#25・サーモンピンク） ── 適量
- F 手縫い糸（ベージュ） ── 適量

使用する道具

はさみ／アイロン／刺繍針／縫い針

memo　コットンの布地は単色や柄つきのものなど、好みで選んで。シルクシフォンリボンの色も豊富に展開されてます。

LESSON 6 定番アイテムにひとひねり加えるリボン＆コード

ネックレス　ピアス・イヤリング　ブレスレット　リング　ヘアアクセサリー　ブローチ

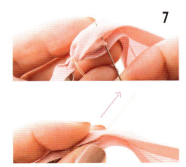

7

4で休ませておいた針に持ちかえ、写真のようにウッドビーズの際に、布地の裏側から針を出す。

↓

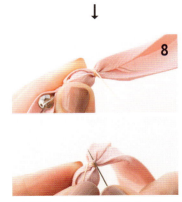

8

4と同様にして糸を3周巻きつけ、1針縫って固定する。

↓

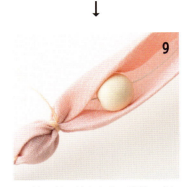

9

5の縫い針に持ちかえ、手縫い糸にウッドビーズを1個通す。6〜8と同じ要領で、布にビーズを包み、糸を巻きつけて固定する。

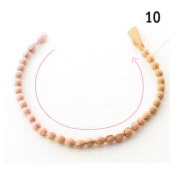

10

9をくり返し、ウッドビーズを合計34個包む。

↓

11

ウッドビーズを通し終えたら、手縫い糸に2と同じ要領でチェコファイアポリッシュを通して結ぶ。

↓

12

手縫い糸・刺繍糸は布地の裏側で目立たないところで玉留めして始末する。糸は針から抜かないでおく。

13　縫う位置　D シルクシフォンリボン

シルクシフォンリボンをつなぐ。シルクシフォンリボンで端のチェコファイアポリッシュを布地ごと包み、糸でシルクシフォンリボンと布地を縫い合わせる。

↓

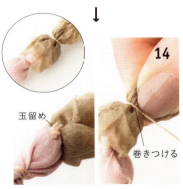

14　玉留め　巻きつける

糸を引きしめてチェコファイアポリッシュの際に3周巻きつけ、シルクシフォンリボンをめくって布に1針縫い留め、玉留めして始末する。

仕上げる

15

残った片側も同様にして、シルクシフォンリボンをつなぐ。着用地はリボンを首の後ろでリボン結びにする。

123　memo　ラッピングする布は、コットンでなくても構いません。幅広のリボンなど、やわらかく扱いやすい素材でアレンジしてみましょう。

07 ミニリボンのピアス

⇨ P.114

パーツを作る

1

グログランリボンの端5mm分につまようじで布用接着剤を塗り、輪にして貼り合わせる。

↓

2

チェコビーズに三角カンをつなぐ(⇨P.180-[2])。

↓

3

2の三角カンにデザイン丸カンをつなぎ、平やっとこでしっかり閉じる。

4

3のデザイン丸カンに1のグログランリボンの輪を二つ折りにして通し、リボン形に整える。

全体をつなぐ

5

4のデザイン丸カンに、丸カンでチェーンの端をつなぐ。

↓

6

ピアス金具のカンを開いて、チェーンのもう片端とつなぐ。もう片耳分も同様に作る。

完成サイズ：長さ4cm

使用する材料

[ベージュ]

- A チェコビーズ（シズク横穴・6×10mm・ジェット） — 2個
- B 丸カン（0.55×3.5×2mm・ゴールド） — 2個
- C デザイン丸カン（6mm・ゴールド） — 2個
- D 三角カン（0.6×5mm・ゴールド） — 2個
- E ピアス金具（フック式・ゴールド） — 1セット
- F グログランリボン（9mm幅・ベージュ） — 4cm×2本
- G チェーン（ゴールド） — 2cm×2本

[ブラウン]

- A チェコビーズ（シズク横穴・6×10mm・アクアマリンセピア） — 2個
- B 丸カン（0.55×3.5×2mm・ゴールド） — 2個
- C デザイン丸カン（6mm・ゴールド） — 2個
- D 三角カン（0.6×5mm・ゴールド） — 2個
- E ピアス金具（フック式・ゴールド） — 1セット
- F グログランリボン（9mm幅・ブラウン） — 4cm×2本
- G チェーン（ゴールド） — 2cm×2本

使用する道具

平やっとこ／丸やっとこ
布用接着剤／つまようじ

08 サテンのフリルピアス

⇒ P.114

完成サイズ：縦3×横4.5cm

使用する材料

[ワインレッド]

- A コットンパール（ラウンド・10mm・ホワイト） ———— 2個
- B ダイヤレーン（#100・ゴールド×クリスタル） ———— 2.5cm（8石分）×2本
- C サテンリボン（4.9cm幅・ワインレッド） ———— 5cm×2本
- D ピアス金具（皿つき・10mm・ゴールド） ———— 1セット
- E 手縫い糸（赤） ———— 適量

[ネイビー]

- A コットンパール（ラウンド・10mm・ホワイト） ———— 2個
- B ダイヤレーン（#100・ゴールド×クリスタル） ———— 2.5cm（8石分）×2本
- C サテンリボン（4.9cm幅・ネイビー） ———— 5cm×2本
- D ピアス金具（皿つき・10mm・ゴールド） ———— 1セット
- E 手縫い糸（黒） ———— 適量

使用する道具

縫い針／はさみ／つまようじ／接着剤

モチーフを作る

1

サテンリボンの両端につまようじで接着剤を薄く塗り、ほつれ止めをする。

2

接着剤が乾いたら、写真のように端を約6mm残して折る。上3分の1をさらに折る。

サテンリボンを縫う

3

一番上の4枚重なった部分の中心を縫う。縫い針に手縫い糸を通し、玉結びをして端から4mmのところに針を入れ、7mmの等間隔で6針縫う。糸を引きしめてギャザーを寄せ、表に向かって針を戻す。

4

針にコットンパールを通し、最初の玉結びのすぐ脇に針を入れる。糸をしっかり引きしめ、裏で玉留めして始末する。

パーツを貼る

5

表のギャザーの山につまようじで接着剤を塗り、ダイヤレーンを貼る。

仕上げる

6

ピアス金具のポストの皿につまようじで接着剤を塗り、5の裏の上側（コットンパール側）に貼る。もう片耳分も同様に作る。

[ワインレッド]

[ネイビー]

※プロセスでは、手縫い糸を白に変えて制作しています。

memo プロセス4の玉結びがきちんとできていないと、フリルがゆるんでしまいます。苦手な人は別の布で練習してから作りましょう。

09 ねじり編みのブレスレット

⇨ P.115

完成サイズ：手首回り16cm

使用する材料

A メタルビーズ（4mm・ゴールド）
　――――――――――――― 6個
B チャームa（貝殻・ゴールド）― 1個
C チャームb（タツノオトシゴ・
　ゴールド）――――――――― 1個
D チャームc（ヒトデ・ゴールド）― 1個
E チャームd（巻貝・ゴールド）― 1個
F タッセルチャームa（ピンク）
　――――――――――――― 1個
G タッセルチャームb（パープル）
　――――――――――――― 1個
H サテンコードa（2mm・イエロー）
　――――――――――― 25cm×1本
I サテンコードb（2mm・ホワイト）
　――――――――――― 25cm×1本
J サテンコードc（2mm・グリーン）
　――――――――――― 25cm×1本
K 刺繍糸a（#25・グレー）
　―――――――――― 120cm×1本
L 刺繍糸b（#25・ブルー）
　―――――――――― 120cm×1本
M 丸カン（0.6×5mm・ゴールド）
　――――――――――――― 6個
N カニカン（ゴールド）――――― 1個
O アジャスター（ゴールド）―― 1個
P リボン留め金具（10mm・ゴールド）
　――――――――――――― 2個

使用する道具

平やっとこ／丸やっとこ／はさみ
接着剤／マスキングテープ
つまようじ

コードを編む

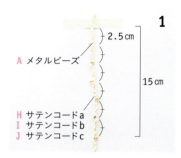

1
A メタルビーズ
2.5cm
15cm
H サテンコードa
I サテンコードb
J サテンコードc

サテンコードa、b、cの端をそろえてマスキングテープで作業台に貼り、三つ編みをしていく（⇨P.187-17）。編みながら2.5cmごとにメタルビーズを通して全体が15cmの長さになるまで編む。

↓

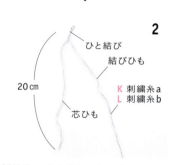

2
ひと結び
結びひも
20cm
K 刺繍糸a
L 刺繍糸b
芯ひも

刺繍糸a、bをそれぞれ6本取りのまま合わせ、写真のように片側が20cmになる位置で折り、ひと結びする。短い方を芯ひも、長い方を結びひもとする。

↓

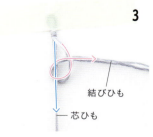

3
結びひも
芯ひも

刺繍糸で輪結びをしていく（⇨P.187-17）。結びひもを芯ひもの下に回して、矢印のようにして巻きつける。引きしめると、輪結びが1回できる。

4

3と同様にして、15cmの長さまで結んでいく。

↓

5
接着剤

編み地がほどけないように、1の三つ編みと、4の輪結びの編み地の両端につまようじで接着剤を塗る。

↓

6
P リボン留め金具

5が乾いたら編み地の端をはさみで切りそろえ、リボン留め金具をつける（⇨P.185-12）。残りの片側も同様につける。

memo　ねじり編みは結びめがぐるぐるとねじれていくのが特徴。結びめが裏返ってしまうときれいなねじれが出ないので、確認しながら結んで。

LESSON ⑥ 定番アイテムにひとひねり加えるリボン&コード

POINT
バラエティ豊富なチャームが決め手！

ブレスレット本体がシンプルなので、つなげるチャームのデザインがポイントに。この作品では海の生き物でそろえていますが、もっとシンプルなものやポップなものなど、チャームの組み合わせを工夫して自分なりにアレンジしてみて。

チャームをつなぐ

7

全体写真を参考に、輪結びの編み地に丸カンを引っかけ、チャームa、b、c、dをつなぐ。

- E チャームd
- M 丸カン

仕上げる

8

6のリボン留め金具に丸カンでカニカン、アジャスターをつなぐ。アジャスターの先にはタッセルチャームa、bをつなぐ。

- F タッセルチャームa
- O アジャスター
- G タッセルチャームb
- N カニカン
- M 丸カン

- G タッセルチャームb
- F タッセルチャームa
- P リボン留め金具
- O アジャスター
- M 丸カン
- H サテンコードa
- N カニカン
- A メタルビーズ
- I サテンコードb
- J サテンコードc
- E チャームd
- D チャームc
- K 刺繍糸a
- L 刺繍糸b
- B チャームa
- C チャームb

memo　リボン留め金具は、幅が足りなくても余りすぎてもダメ。アレンジする場合はこの点に気をつけて材料を用意しましょう。

10 ダイヤレーンのブレスレット

⇨ P.115

金具をつける

1

E エンドパーツ
D ダイヤレーン

ダイヤレーンの両端の石に、平やっとこでエンドパーツを取りつける(⇨ P.185-13)。

コードを編む

2

ワイヤー
輪
C スレンダーコード

スレンダーコードの中心に通したワイヤーを使って、エンドパーツのカンにコードを通し、できた輪に片端を通す。ボタンが通るように輪のサイズを調整しながら引きしめる。

↓

3

ひと結び

2本のコードをエンドパーツのカンの上でひと結びする。

4

芯ひも
結びひも

ダイヤレーンをはさんで左右にコードを配置し、左右結びをする(⇨ P.188-17)。まずは左を芯ひも、右を結びひもにして、芯に結びひもを手前から巻き、引きしめる。これで左右結び0.5回分。

↓

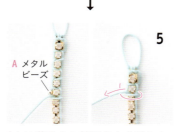

5

A メタルビーズ

4とは芯ひもと結びひもを逆にし、右を芯ひも、左を結びひもにして、芯ひもに結びひもを手前から巻き、引きしめる。これで左右結びが1回分できた。4、5をくり返して結んでいく。途中、全体写真を参考に、ダイヤレーンの6石に1個の間隔でメタルビーズを通しながら結ぶ。

↓

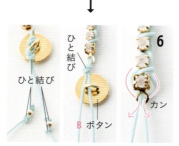

6

ひと結び
ひと結び
B ボタン
カン

端まで結んだら、エンドパーツのカンに下からコードを通し、2本でひと結びをする。右のコードにボタンを通し、もう一度2本でひと結びする。最後は写真のようにメタルビーズの前後でひと結びして、余分なコードをはさみでカットする。

完成サイズ：手首回り16cm

使用する材料

[水色]

- A メタルビーズ（ラウンド・2mm・ゴールド） ——— 8個
- B ボタン（スマイル・10mm・ゴールド） ——— 1個
- C スレンダーコード（0.7mm・水色） ——— 90cm×1本
- D ダイヤレーン（#110・ミルキーホワイト）— 15.5cm×1本
- E エンドパーツ（#110用・ゴールド） ——— 2個

[紫]

- A メタルビーズ（ラウンド・2mm・ゴールド） ——— 8個
- B ボタン（スマイル・10mm・ゴールド） ——— 1個
- C スレンダーコード（0.7mm・紫） ——— 90cm×1本
- D ダイヤレーン（#110・クリスタルAB）— 15.5cm×1本
- E エンドパーツ（#110用・ゴールド） ——— 2個

使用する道具

平やっとこ／はさみ／ワイヤー

[水色]

E エンドパーツ
D ダイヤレーン
B ボタン
C スレンダーコード
A メタルビーズ

[紫]

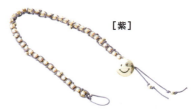

memo　ボタンはどんなものでもOK。写真のようなポップなものや、クリスタルがついたエレガントなものなど、お好みで選んで。

11 毛糸とパールを詰めた半球イヤリング

⇨ P.115

パーツを詰める

1

D ダイヤレーン

ダイヤレーンを、ニッパーで1石ずつにカットする。片耳分、5石用意する。

↓

2
A スワロフスキー
B 樹脂パールa
D ダイヤレーン
C 樹脂パールb
F ガラスドーム

スワロフスキー10個、樹脂パールa4個、樹脂パールb4個、ダイヤレーン5石をビーズトレイに入れ、ガラスドームに入れる。

↓

3

E 毛糸

毛糸20cmを、目打ちを使ってガラスドームに押し込む。

4

2で入れたパーツと毛糸がよく混ざるように、目打ちで調整する。

座金を貼る

5

G 座金

ガラスドームの穴の周りにつまようじで接着剤を塗り、座金を貼ってふたをする。

↓

6

H イヤリング金具

イヤリング金具のお椀に接着剤を塗り、5の座金の上に貼る。もう片耳分も同様に作る。

完成サイズ：モチーフ直径2.2cm

使用する材料

- A スワロフスキー（#5328・3mm・クリスタルAB）─ 20個
- B 樹脂パールa（ラウンド・4mm・ホワイト）─ 8個
- C 樹脂パールb（ラウンド・4mm・ベージュ）─ 8個
- D ダイヤレーン（#100・2mm・クリスタル×ゴールド）─ 10石分
- E 毛糸（並太・ホワイト）─ 20cm×2本
- F ガラスドーム（半球型・22mm）─ 2個
- G 座金（8mm・ゴールド）─ 2個
- H イヤリング金具（お椀・ゴールド）─ 2個

使用する道具

ニッパー／目打ち／つまようじ
ビーズトレイ／接着剤

C 樹脂パールb
A スワロフスキー
B 樹脂パールa
F ガラスドーム
E 毛糸
D ダイヤレーン
G 座金
H イヤリング金具

※プロセスでは、ガラスドームの形をハートに変えて制作しています。

memo　ガラスドームはハートやスターなど様々な形・大きさがあり、ドライフラワーなど、ビーズ以外も詰め込めます。

LESSON → 7

HANDMADE ACCESSORIES LESSON BOOK

描いたものを プラバン で そのままアクセに

好きな模様を描いて焼くだけで
立派なパーツになるプラバン。
混ぜる素材や着色の仕方を工夫して。

02 ⏱ 30分 [固める] [つなぐ]

輪っかのブレスレット

プラバンで作ったカラフルな輪に
デザイン丸カンを通したブレスレット。

HOW TO MAKE P.134-135

01 ⏱ 60分 [固める] [貼る]

アートバレッタ

好みのテキスタイルも
プリントすれば自分だけのアクセサリーに。

HOW TO MAKE P.136

LESSON ⑦ 描いたものをプラバンでそのままアクセに

ネックレス　ピアス・イヤリング　ブレスレット　リング　ヘアアクセサリー　ブローチ

03 ⏱30分 固める つなぐ

カラフルボタンのおもちゃピアス

アイボリー色のパーツやガラスビーズで爽やかにまとめたキッチュなピアス。プラバンを焼いてレジンで補強すればぷっくり可愛らしい印象に仕上がる。

HOW TO MAKE P.137

04 ⏱ 30分 [固める] [貼る]

フラワーリング

レジンにパステルを混ぜて着色した
不透明な色が可愛らしいリング。
こっそりしのばせたラメと
小さなスワロフスキーがポイント。

HOW TO MAKE **P.138**

LESSON ⑦ 描いたものをプラバンでそのままアクセに

ネックレス ピアス・イヤリング ブレスレット リング ヘアアクセサリー ブローチ

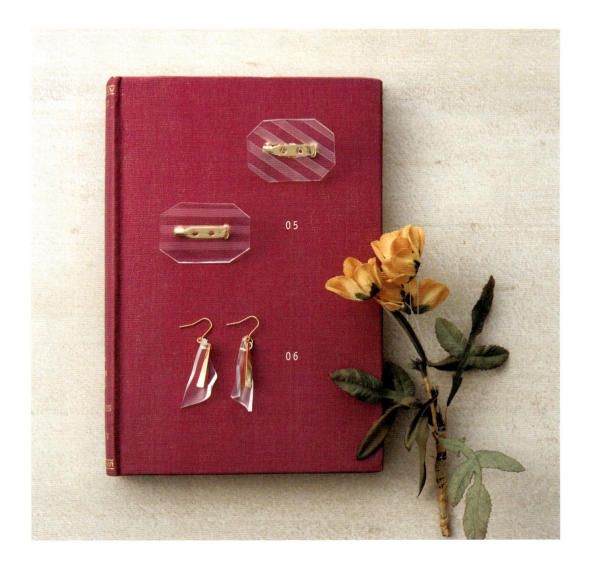

06 ⏱30分 つなぐ
ユリのピアス
プラバンを焼いてねじるだけで
こんなにおもしろい形ができ上がる。
メタルパーツを加えて繊細なピアスに。

HOW TO MAKE P.140

05 ⏱30分 貼る
ボーダーブローチ
クリアなプラバンに模様を入れた
シンプルで使いやすいブローチ。
どんなファッションにもマッチする。

HOW TO MAKE P.139

02　輪っかのブレスレット

⇨ P.130

完成サイズ：
小／モチーフ縦1.8×横2cm
大／モチーフ直径2cm

使用する材料

[小]

- A　樹脂パール（ラウンド・3mm・ホワイト）──── 1個
- B　丸カン（0.6×3mm・ゴールド）──── 4個
- C　デザイン丸カン（1.2×10mm・ゴールド）──── 2個
- D　カニカン（ゴールド）──── 1個
- E　アジャスター（ゴールド）──── 1個
- F　チェーン（ゴールド）──── 6cm×2本
- G　プラバン（厚み0.3mm・クリア）──── 10×10cm
- H　UVレジン──── 適量

[大]

- A　樹脂パール（ラウンド・3mm・ホワイト）──── 1個
- B　丸カン（0.6×3mm・ゴールド）──── 4個
- C　デザイン丸カン（1.2×14mm・ゴールド）──── 2個
- D　カニカン（ゴールド）──── 1個
- E　アジャスター（ゴールド）──── 1個
- F　チェーン（ゴールド）──── 6cm×2本
- G　プラバン（厚み0.3mm・クリア）──── 5×5cm
- H　UVレジン──── 適量

使用する道具

平やっとこ／丸やっとこ／はさみ
カッター／マスキングテープ
色鉛筆／つまようじ／UVライト
紙ヤスリ（400番）／クッキングシート
オーブントースター／水溶性ニス
軍手／重し（厚い本）／接着剤

▼ パーツを作る

1

G プラバン

プラバンの表面に円を描くように紙ヤスリをかけ、まんべんなく白くなったら水で流し、乾かす。

↓

2

実物大型紙（⇨ P.141）の上にプラバンをマスキングテープで固定し、型紙を薄い色の色鉛筆でなぞって写し取り、はさみでカットする。円の内側はカッターで切り抜く。

↓

3

1のヤスリがけした面に、色鉛筆で自由に着色する。

4

[小] は2つの円を [大] は1つの円を用意し、着色面を下にして、クッキングシートにのせてオーブントースター（600W）で焼く。

↓

5

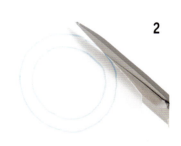

水溶性ニス
着色面

3の着色面に、色鉛筆の色がとれないように水溶性ニスをスプレーし、完全に乾かす。着色面が裏になる。

▼ パーツを固める

6

A 樹脂パール

樹脂パールにつまようじで接着剤を塗り、5に重ねて配置する。UVレジンを塗ってさらに [小] は2つの円を接着剤で重ねて固定させる。UVライトを照射して固めてもOK。

※プロセスは、[小] を制作しています。

※UVレジンの硬化時間は4～5分が目安。

memo　プラバンにヤスリをかけることで表面に傷がつき、色鉛筆でも色がのりやすくなります。

LESSON ⑦ 描いたものをプラバンでそのままアクセに

全体をつなぐ

7
表面にレジンをぷっくりと盛り、固める。好みの厚さになるまでくり返す。

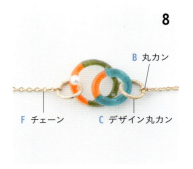

8
7のパーツにデザイン丸カンと丸カンでチェーンをつなぐ。

9
チェーンのもう片端には丸カンでカニカン、アジャスターをつなぐ。

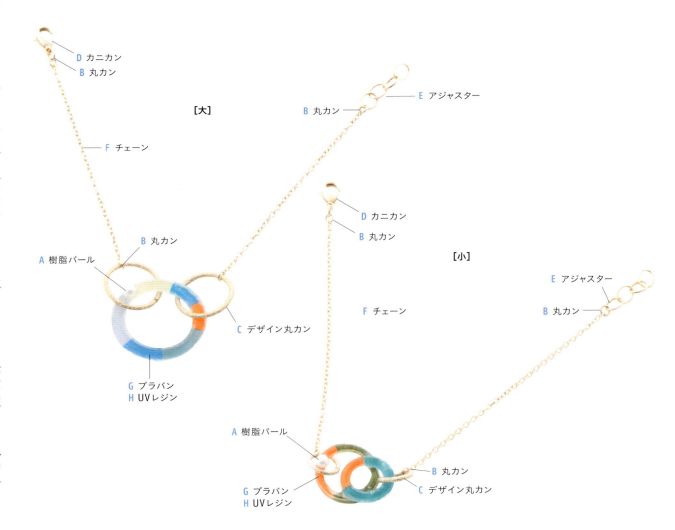

memo　UVレジンでコーティングすれば、きれいに仕上がったり強度が増したりなどメリットはありますが、しなくても問題ありません。

01　アートバレッタ

⇨ P.130

モチーフを作る

1

A プラバン

プリントできるプラバンに、プリンターであらかじめ用意した好きな図案をプリントする。プラバンは縮むと色が濃くなるため、やや薄くプリントする。図案に沿ってはさみでカットする。

↓

2

プリント面を上にしてクッキングシートにのせ、オーブントースター（600W）で焼く。

↓

3

D バレッタ金具

軍手をはめ、プラバンが4分の1まで縮んだら素早く取り出し、バレッタ金具にのせてカーブに沿わせて湾曲させながら整形する。

4
C ラメパウダー
B UVレジン

UVレジンをクリアファイルに出し、ラメパウダーを混ぜる。

モチーフを固める

5

4のUVレジンを3のプラバンの印刷面につまようじで盛り、UVライトを照射して固める。好みの厚さになるまでくり返す。

金具を貼る

6

バレッタ金具につまようじで接着剤を塗り、5のプラバンを貼る。

完成サイズ：縦1×横6cm

使用する材料
[ブルー、ピンク共通]

A　プラバン（厚み0.3mm・プリント用）
　　——————————— 5×20cm
B　UVレジン（ハード）——— 適宜
C　ラメパウダー（シルバー）— 適宜
D　バレッタ金具（8×60mm・
　　ゴールド）——————— 1個

使用する道具

はさみ／クリアファイル／つまようじ
UVライト／クッキングシート
オーブントースター／軍手
重し（厚い本）／接着剤／プリンター

[ブルー]
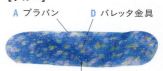
A プラバン　　D バレッタ金具
B UVレジン ＋ C ラメパウダー

[ピンク]
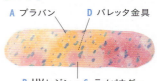
A プラバン　　D バレッタ金具
B UVレジン ＋ C ラメパウダー

POINT

プリントできるプラバンって？

一般の家庭用プリンターで印刷できる特別なプラバン。絵を描くのが苦手な人におすすめ。

※UVレジンの硬化時間は4〜5分が目安。

---

memo　図案は自分で画像編集ソフトを使って作成したり、フリー素材提供サイトなどからダウンロードしてプリントアウトしてみましょう。

03 カラフルボタンのおもちゃピアス

⇨ P.131

LESSON ⑦ 描いたものをプラバンでそのままアクセに / ネックレス / ピアス・イヤリング / ブレスレット / リング / ヘアアクセサリー / ブローチ

モチーフを作る

実物大型紙（⇨ P.141）の上にプラバンをマスキングテープで固定して型紙をペンでなぞり、写し取る。輪郭は油性ペン、模様はポスターカラーで描く。

↓

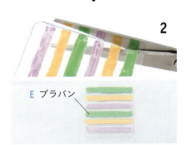

E プラバン

マスキングテープを外し、**1**の油性ペンの輪郭の内側を、黒い部分が残らないようにはさみでカットする。カットしたら着色面を下にしてクッキングシートにのせ、オーブントースター（600W）で焼く。

↓

プラバンは1枚ずつ焼き、焼いている間は目を離さないこと。プラバンが3分の1くらいに縮んだら、軍手をはめてクッキングシートの両端を持って取り出し、厚めの本などの重しをのせて30秒ほど待つ。

モチーフを固める

焼いたプラバンの着色面につまようじでUVレジンをぷっくりと盛り、UVライトを照射して固める。好みの厚さになるまでくり返す。

↓

D ピアス金具 5

4の裏側にもレジンを塗り、ピアス金具の皿部分をつけて硬化させる。皿部分がレジンに埋まるくらい多めに塗ると安定する。さらに表と同様に全体にレジンを盛って硬化させ、好みの厚さにする。

金具をつなぐ

C 丸カン / B Tピン 6 / D ピアス金具 / A スワロフスキー

Tピンにビーズを通して先を丸めたパーツを作る（⇨ P.180-**3**）。ピアス金具に、丸カンでパーツをつなぐ。もう片耳分も同様に作る。
※[ラウンド]は、**5**のあとパールキャッチを差し込む。

完成サイズ：
スクエア／縦2.5×横2cm
ラウンド／直径2.5cm

使用する材料

[スクエア（ムラサキ）]

A スワロフスキー（ラウンド・12mm・クリスタル） ──── 2個
B Tピン（0.7×20mm・ゴールド） ──── 2本
C 丸カン（0.7×4mm・ゴールド） ──── 2個
D ピアス金具（皿つき・6mm・ゴールド） ──── 1セット
E プラバン（厚み0.3mm・クリア） ──── 10×10cm
F UVレジン（ハード） ──── 適量

※[イエロー]にする場合、Aをアイボリーに変えて制作する。

[ラウンド]

A ピアス金具（皿つき・6mm・ゴールド） ──── 1セット
B ピアスキャッチ（パール・ホワイト） ──── 1セット
C プラバン（厚み0.3mm・クリア） ──── 10×10cm
D UVレジン（ハード） ──── 適量

使用する道具

平やっとこ／丸やっとこ／ニッパーはさみ／マスキングテープ／油性ペンポスターカラー／つまようじUVライト／クッキングシートオーブントースター／軍手重し（厚い本）

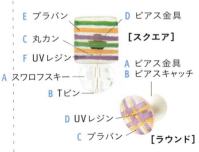

E プラバン / D ピアス金具 / C 丸カン / F UVレジン / A スワロフスキー / B Tピン　[スクエア]

A ピアス金具 / B ピアスキャッチ / D UVレジン / C プラバン　[ラウンド]

※UVレジンの硬化時間は4～5分が目安です。

memo　UVレジンがない場合は、マニキュアのトップコートで代用しても◎。その場合は塗って乾かすだけでOKです。

04 フラワーリング

⇨ P.132

モチーフを作る

1

実物大型紙（⇨P.141）の上にプラバンをマスキングテープで固定し、型紙を油性ペンでなぞって写し取る。マスキングテープを外し、油性ペンの輪郭の内側を黒い部分が残らないようにはさみでカットする。

↓

2

カットしたらクッキングシートにのせて、オーブントースター（600W）で焼く。

↓

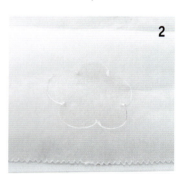

3

クリアファイルにUVレジンを出し、デザインカッターでパステルを削って混ぜる。さらにラメパウダーも混ぜ、好みの色に調整する。

モチーフを固める

4

2で焼いたパーツの全面に、つまようじで3を盛り、UVライトを照射して固める。好みの厚さになるまでくり返す。

金具を貼る

5

4の裏側につまようじで接着剤を塗り、リング台金具の皿部分を配置する。UVレジンを塗って、UVライトで照射して固めてもOK。

↓

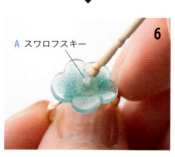

6

5の中心につまようじで接着剤を少量塗り、スワロフスキーを配置する。つまようじを使って中心にくるように位置を調整する。UVレジンを使ってもOK。

完成サイズ：直径1.4㎝、3号

使用する材料

[グリーン]

- A　スワロフスキー（#2028・SS5・ホワイトオパール）──── 1個
- B　プラバン（厚み0.2㎜・クリア）──── 5×5㎝
- C　パステル（グリーン）──── 適量
- D　UVレジン（ハード）──── 適量
- E　ラメパウダー（シルバー）── 適量
- F　リング台金具（皿つき・5㎜・3号・ゴールド）──── 1個

※【ピンク】を作る場合、Aをミントアラバスター、Cをピンクにする。
【ライトピンク】を作る場合、Aをミントアラバスター、Cをライトピンクにする。

使用する道具

はさみ／デザインカッター
マスキングテープ／クリアファイル
つまようじ／油性ペン
UVライト／クッキングシート
オーブントースター／軍手
重し（厚い本）／接着剤

[グリーン]

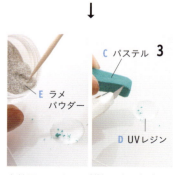

F　リング台金具　　A　スワロフスキー
D　UVレジン
E　ラメパウダー　　B　プラバン
　　　　　　　　　　C　パステル

[ピンク]　　　　　[ライトピンク]

※UVレジンの硬化時間は4〜5分が目安。

05 ボーダーブローチ

⇨ P.133

LESSON ⑦ 描いたものをプラバンでそのままアクセに

ネックレス　ピアス・イヤリング　ブレスレット　リング　ヘアアクセサリー　ブローチ

モチーフを作る

A プラバン

1

実物大型紙（⇨ P.141）の上にプラバンをマスキングテープで固定し、型紙を油性ペンでなぞって写し取る。マスキングテープを外し、油性ペンの輪郭の内側を黒い部分が残らないようにはさみでカットする。

↓

1cm

2

1にマスキングテープを1cm間隔で貼り、好きな模様を描く。

↓

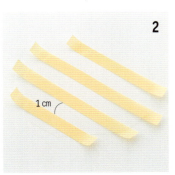

水溶性ニス（ツヤ消し）

3

クッキングシートの上に置き、2の上から水溶性ニス（ツヤ消し）を吹きかけて完全に乾かす。

4

乾いたらマスキングテープをはがす。

↓

5

水溶性ニス（ツヤ消し）をかけた面を上にしてクッキングシートにのせ、オーブントースター（600W）で焼く。焼き上がると、水溶性ニス（ツヤ消し）を吹きかけた部分は、曇りガラスのようになり柄が浮き出る。

金具を貼る

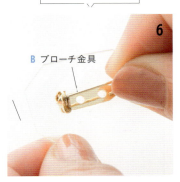

B ブローチ金具

6

ブローチ金具につまようじで接着剤を塗り、5のスプレーをかけた面の裏側に貼る。

完成サイズ：縦2.5×横3cm

使用する材料
[ストライプ、ボーダー共通]

A プラバン（厚み0.2mm・クリア）
　　　　　　　　　　　　10×8cm
B ブローチ金具（20mm・ゴールド）
　　　　　　　　　　　　　　1個

使用する道具

はさみ／マスキングテープ（1cm幅）
油性ペン／クッキングシート
水溶性ニス（ツヤ消し）
オーブントースター／軍手
重し（厚い本）／接着剤／つまようじ

[ボーダー、ストライプ共通]

A プラバン

B ブローチ金具

※UVレジンの硬化時間は4～5分が目安。

ARRANGE

上から色を足して爽やかにアレンジ

水溶性ニス（ツヤ消し）をかけた部分の上にポスターカラーで色を塗れば、爽やかなボーダーの完成。

memo　プラバンアクセをたくさん作りたいなら、水溶性ニスは必携です。でき上がりの質感が独特で、表現の幅も広がります。

06 ユリのピアス

⇨ P.133

モチーフを作る

A プラバン

1 実物大型紙（⇨ P.141）の上にプラバンをマスキングテープで固定し、型紙を油性ペンでなぞって写し取る。マスキングテープを外し、油性ペンの輪郭の内側を黒い部分が残らないようにはさみでカットする。

↓

水溶性ニス（ツヤ消し）

2 1の上から水溶性ニス（ツヤ消し）を吹きかけ、完全に乾かす。

↓

3 水溶性ニス（ツヤ消し）をかけた面を上にしてクッキングシートにのせ、オーブントースター（600W）で焼く。焼き上がると、表面は曇りガラスのようになる。

4 軍手をはめ、プラバンが熱いうちにトースターから取り出し、指先で軽くつまんで好きな形に曲げる。

↓

0.3㎝　ピンバイス

5 4のプラバンの先端に、ピンバイスで穴をあける。あまり端にあけると割れることがあるので0.3㎝くらいあけて作るとよい。

全体をつなぐ

E ピアス金具　D 丸カンb
C 丸カンa　　B メタルパーツ

6 5の穴に丸カンbを通し、メタルパーツをつなぐ。さらに、丸カンbに丸カンaでピアス金具をつなぐ。もう片耳分も同様に作る。

完成サイズ：モチーフ長さ4㎝

使用する材料

A プラバン（厚み0.2㎜・クリア）
　　　　　　　　　　　　10×10㎝
B メタルパーツ（スティック横穴・
　22×6㎜・ゴールド）　　　 2個
C 丸カンa（0.5×4㎜・ゴールド）
　　　　　　　　　　　　　　2個
D 丸カンb（0.5×4㎜・ゴールド）
　　　　　　　　　　　　　　2個
E ピアス金具（フック式・ゴールド）
　　　　　　　　　　　　　1セット

使用する道具

はさみ／ピンバイス
マスキングテープ
クッキングシート／油性ペン
水溶性ニス（ツヤ消し）
オーブントースター／軍手
重し（厚い本）

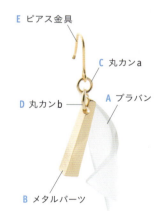

E ピアス金具
C 丸カンa
D 丸カンb
A プラバン
B メタルパーツ

memo　プラバンは、熱いうちにひねればすぐに形が変わります。まっすぐに仕上げたいときは扱いに注意しましょう。

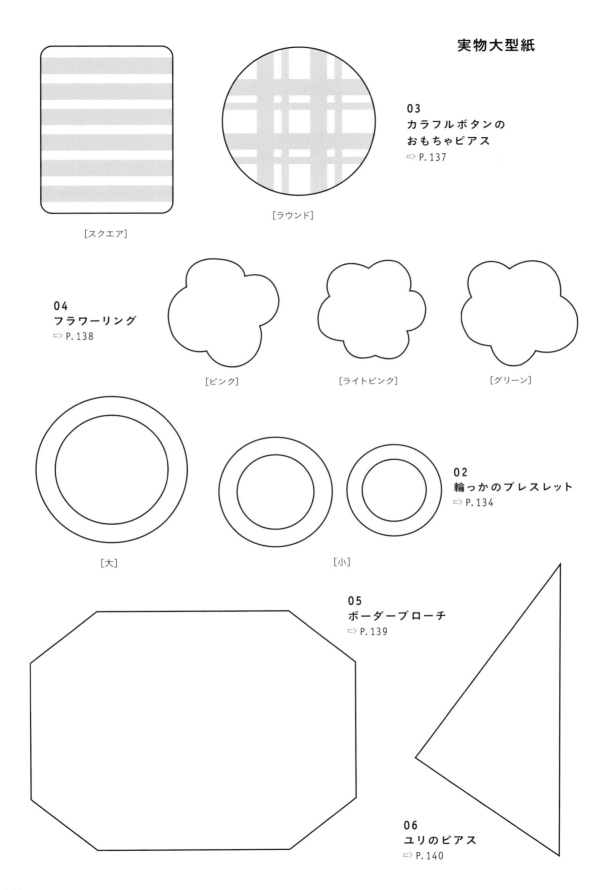

HANDMADE ACCESSORIES LESSON BOOK

LESSON → 8

好きなものを詰め込んで固めて

丸や三角、四角などの専用の型に
お気に入りのパーツを詰めて。
レジンで固めればでき上がり。

01 ⏱ 30分 固める

フラワードームピアス

シリコンモールドの中に
お気に入りのドライフラワーを詰めて。
レジンを流し込んで固めれば
大きな花が咲いたアクセサリーの完成。

HOW TO MAKE　P.146

LESSON ⑧ 好きなものを詰め込んで固めて

ネックレス｜ピアス・イヤリング｜ブレスレット｜リング｜ヘアアクセサリー｜ブローチ

02 🕐 30分 固める

**トライアングル
シェルピアス**

夏らしさを感じるシェルは
2色を組み合わせて華やかに。
爽やかな色合いを楽しんで。

HOW TO MAKE　P.147

03 🕐 30分 固める

野球少年のピアス

小さな模型を閉じ込めた
独特な世界観を放つピアス。
ラメを加えてとびきりポップに。

HOW TO MAKE　P.148

04 ⏱30分 固める

球体ピアス&リング

煙のようなニュアンスが
コーディネートにアクセントを加える
どこかアンニュイなデザインが魅力。

HOW TO MAKE　P.149

05 ⏱30分 固める

ミニタイルの
サークルピアス

メタルパーツに水を張ったような
やわらかな雰囲気のピアスは
タイルを落として可愛らしく。

HOW TO MAKE　P.150

06 ⏱30分 固める つなぐ

マーブルビジューの
ピアス

お手製のビジューを使ったピアス。
レジンがあれば、個性的なパーツも
かんたんに作ることができる。

HOW TO MAKE　P.151

LESSON ⑧ 好きなものを詰め込んで固めて

ネックレス ― ピアス・イヤリング ― ブレスレット ― リング ― ヘアアクセサリー ― ブローチ

07　⏱ 60分　固める　つなぐ

あじさいの
ピアス＆ネックレス

小さくて繊細な花は時を止めるように
レジンで固めて。細めのチェーンを使えば
華奢で女性らしい雰囲気に。

HOW TO MAKE　P.152

08　⏱ 30分　固める　つなぐ

揺れる花びらピアス

動くたびに揺れる花びらが
色っぽいデザインのピアス。
花びらは彩度の高いものを選んで華やかに。

HOW TO MAKE　P.153

145

01 フラワードームピアス

⇨ P.142

パーツを固める

1 A ドライフラワーa / G UVレジン

B ドライフラワーb

ドライフラワーa、bの表面すべてに筆でUVレジンを塗り、UVライトを照射して固める。花びらの間までしっかり塗ることで、気泡が出にくくなる。

↓

2 シリコンモールド

シリコンモールドの半分の位置までレジンを流し込み、1のドライフラワーa2個、b1個を、外側に花の表側が向くようにピンセットで配置しながら、つまようじで気泡を取り除く。

↓

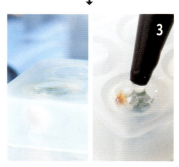

3

モールドがいっぱいになるまでUVレジンを流し込み、固める。

↓

4

モールドから取り出し、はみ出た余分なUVレジンはデザインカッターで削る。凹凸のある部分には筆でUVレジンを塗り、硬化させる。凹凸がなくなるまで何度かくり返す。

金具をつける

5 D ピアス金具

4の底にUVレジンを塗り、ピアス金具の皿部分をつけて固める。照射するとき、シリコンモールドにのせると安定する。

↓

6 C ガラスドーム / ガラスブリオン / E ピアスキャッチ

ガラスドームにガラスブリオンを好みの量入れ、ピアスキャッチにレジンを塗り、ガラスドームにはめ込み、固める。5と組み合わせて使用する。もう片耳分も同様に作る。

完成サイズ：モチーフ1.5×1.5cm

使用する材料

- A ドライフラワー a（約1cm・ブルー）——— 4個
- B ドライフラワー b（約1cm・ホワイト）——— 2個
- C ガラスドーム（10mm）——— 2個
- D ピアス金具（平皿・3mm・ゴールド）— 1セット
- E ピアスキャッチ（ガラスドーム用・ゴールド）——— 1セット
- F ガラスブリオン（ブルー）— 適量
- G UVレジン（ハード）——— 適量

使用する道具

UVライト／シリコンモールド（1.5cm・球体）筆／つまようじ／デザインカッター／ピンセット

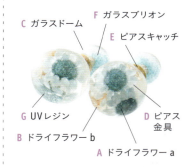

C ガラスドーム / F ガラスブリオン / E ピアスキャッチ / G UVレジン / B ドライフラワーb / D ピアス金具 / A ドライフラワーa

※UVレジンの硬化時間は4～5分が目安。

ARRANGE

中に詰めるドライフラワーを変えて

ドライフラワーの色味は、明るい色味なら元気な印象、ベーシックなモノトーンなら一気に大人の印象に。その日の気分で変えてみて。

---

memo　ドライフラワーはビーズショップで取り扱いがあります。雑貨店やインテリアショップなどでお気に入りを見つけても◎。

LESSON 8 好きなものを詰め込んで固めて

02 トライアングルシェルピアス

⇨ P.143

パーツを作る

1

E UVレジン

シリコンモールドの半分の位置までUVレジンを流し込み、UVライトを照射してUVレジンを硬化させる。

↓

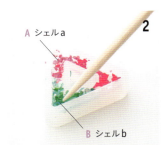

2

A シェルa
B シェルb

シェルa、bをつまようじで少量ずつ取り、1の上にのせていく。

パーツを固める

3

シリコンモールドがいっぱいになるまでUVレジンを流し込み、固める。

4

シリコンモールドから取り出し、バリをデザインカッターで削る。

金具をつける

5

D ピアス金具

4の裏側にUVレジンを塗り、ピアス金具の皿部分をつける。皿部分がレジンに埋まるくらい多めに塗ると安定する。

↓

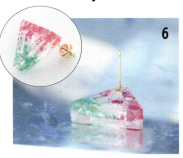

6

UVライトを照射してUVレジンを固める。キャッチをセットして使用する。もう片耳分も同様に作る。
※もう片耳分は、シェルaとシェルcを使って製作する。

完成サイズ：
縦1.7×横1.5×厚み0.5cm

使用する材料

[ピンク]

A シェルa（ピンク）————— 適量
B シェルb（グリーン）————— 適量
C シェルC（ライトピンク＆ホワイト）
　　　　　　　　　　　　————— 適量
D ピアス金具
　（平皿・3mm・ゴールド）- 1セット
E UVレジン（ハード）————— 適量

使用する道具

UVライト／シリコンモールド
（三角形）／筆／つまようじ
デザインカッター

[ピンク]

A シェルa　　D ピアス金具
　　　　　　　A シェルa
B シェルb　C シェルC　E UVレジン

[ブルー]

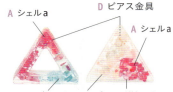

ブルー　　　　グリーン

イエロー　　　イエロー

※[ブルー]にする場合、ブルー、イエロー、グリーンのシェルを写真のようにのせる。

[パープル]

ライトピンク　　　ピンク

ブルー　　　　　イエロー

※[パープル]にする場合、ライトピンク、ブルー、ピンク、イエローのシェルを写真のようにのせる。

※UVレジンの硬化時間は4〜5分が目安。

memo　UVライトは、手芸店やビーズショップで入手できます。安価なものもあるので、ぜひ買いそろえておきましょう。

03 野球少年のピアス

⇨ P.143

完成サイズ：モチーフ直径1.5cm

使用する材料
A 模型（野球少年・高さ10mm） ―― 2個
B ラメ（ブルー） ―――――― 適量
C ピアス金具
　（平皿・3mm・ゴールド）- 1セット
D UVレジン（ハード） ――― 適量

使用する道具
UVライト／シリコンモールド（正方形）
筆／つまようじ／デザインカッター
ペットボトルのふた

パーツを固める

1

模型に筆でUVレジンを塗り、UVライトを照射して固める。隙間にしっかり塗ることで、気泡が出にくくなる。

↓

2

シリコンモールドの3分の1の深さまでUVレジンを流し込み、固める。

↓

3

2に1の模型を下向きに配置（底がパーツの表側になる）して、上からモールドの3分の2の深さまでUVレジンを流し込み、固める。

4

ペットボトルのふたなどにUVレジンを出し、ラメを混ぜる。好みの濃さにしたら、3の上からモールドがいっぱいになるまで流し込み、固める。

↓

5

モールドから取り出し、はみ出た余分なレジンをデザインカッターで削る。

金具をつける

6

5の裏側にUVレジンを塗り、ピアス金具の皿部分をつけ、硬化させる。皿部分がレジンに埋まるくらい多めに塗ると◎。キャッチをセットして使用。もう片耳分も同様に作る。

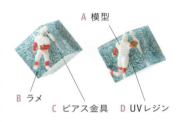

※UVレジンの硬化時間は4～5分が目安。

memo　模型は、鉄道ジオラマ用をはじめとするミニチュアフィギュアがおすすめ。いくつかメーカーがあるのでお好みでセレクトして。

04 球体ピアス＆リング

⇨ P.144

モチーフを作る

A レジン着色液a
B レジン着色液b

クリアファイルにUVレジンを出し、レジン着色液a、bをそれぞれつまようじで混ぜて着色レジンを作る。

↓

D UVレジン

シリコンモールドの8分めの深さまでUVレジンを流し込む。

↓

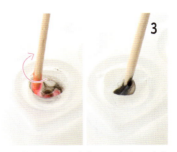

1の着色レジン（ブラック）をつまようじに少量取り、2に入れてつまようじで少しかき混ぜる。もう一つの着色レジン（ピンク）も同じ要領で入れ、気泡が入らないようにそっとかき混ぜる。

モチーフを固める

3の上からシリコンモールドがいっぱいになるまでUVレジンを流し込み、UVライトを照射して固める。

↓

シリコンモールドから取り出し、バリがあればデザインカッターで削る。凹凸のある部分には筆でレジンを塗り、硬化させる。凹凸がなくなるまで何度かくり返す。

金具をつける

C ピアス金具

5の裏側にUVレジンを塗り、ピアス金具の皿部分をつけ、固める。皿部分がレジンに埋まるくらい多めに塗ると安定する。ピアスキャッチをセットして使用。もう片耳分も同様に作る。
※［リング］の場合は、リング台金具を5の裏側につける。

完成サイズ：モチーフ直径1.5cm

使用する材料

［ピアス］

A レジン着色液a（ピンク）———— 適量
B レジン着色液b（ブラック）———— 適量
C ピアス金具
　（平皿・3mm・ゴールド）— 1セット
D ピアスキャッチ（球体・ゴールド）
　———————————————— 1セット
E UVレジン（ハード）———— 適量

［リング］

A レジン着色液a（ピンク）— 適量
B レジン着色液b（ブルー）— 適量
C リング台金具
　（平皿・3mm・ゴールド）———— 1個
D UVレジン（ハード）———— 適量

使用する道具

UVライト／シリコンモールド（球体）／クリアファイル／筆／つまようじ／デザインカッター

［ピアス］

C ピアス金具　D ピアスキャッチ
A レジン着色液a
B レジン着色液b
E UVレジン

［リング］

C リング台金具
A レジン着色液a
B レジン着色液b
D UVレジン

※プロセスは、［ピアス］を製作しています。

※UVレジンの硬化時間は4〜5分が目安。

memo　プロセス3で、着色液を混ぜすぎるときれいなマーブルになりません。慎重に混ぜましょう。

05 ミニタイルのサークルピアス

⇨ P.144

完成サイズ：縦2.5×横2cm

使用する材料

A タイル（5mm・パステルピンク、パステルブルー、グレーなど好みの色）―――― 8個
B メタルリングa（ラウンド・20mm・ゴールド）―――― 2個
C メタルリングb（スクエア・10mm・ゴールド）―――― 2個
D ピアス金具（平皿・3mm・ゴールド）- 1セット
E UVレジン（ハード）―――― 適量

使用する道具

UVライト／クリアファイル
つまようじ／マスキングテープ

パーツを固める

1 B メタルリングa　E UVレジン

メタルリングaにマスキングテープを貼り、クリアファイルの上に置く。メタルリングaを固定してUVレジンをリングの表面ギリギリまで流し、UVライトを照射して固める。

↓

2 A タイル

1をマスキングテープから外す。1の表面にUVレジンを薄く塗り、タイルを4個配置し、固める。

↓

3

タイルにかからないように注意しながら、レジンを中央から流し込んで表面が盛り上がるように固める。

4 C メタルリングb

裏側にUVレジンを塗り、メタルリングbを配置し、固める。

金具をつける

5 D ピアス金具

裏側にレジンを塗り、ピアス金具の皿部分をつけ、固める。皿部分がレジンに埋まるくらい多めに塗ると安定する。

↓

6

裏側にもレジンを盛り上がるように流して固める。キャッチをセットして使用。もう片耳分も同様に作る。

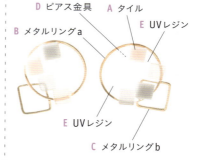

D ピアス金具　A タイル
B メタルリングa　E UVレジン
E UVレジン
C メタルリングb

※UVレジンの硬化時間は4〜5分が目安。

memo　ミニタイルは、レジンコーナーに売っていることが多いです。なるべく同じ厚さのものを選んで使用しましょう。

06 マーブルビジューのピアス

⇨ P.144

パーツを固める

1. クリアファイルにUVレジンを出し、レジン着色液を混ぜて着色レジンを作る。あまり多く混ぜると固まらないので、様子をみながら混ぜていく。

↓

2. シリコンモールドがいっぱいになるまでレジンを流し込み、UVライトを照射して固める。

↓

3. シリコンモールドから取り出し、バリがあればデザインカッターで削る。石座にはめて、平やっとこでツメを倒して固定する（⇨ P.186 - 15）。

4. 石座の裏側にレジンを塗り、ピアス金具の皿部分をつけ、固める。皿部分がレジンに埋まるくらい多めに塗ると安定する。

↓

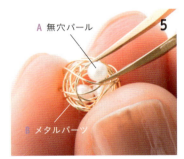

5. メタルパーツのワイヤーの隙間から、ピンセットで無穴パールを押し込む。合計4個入れる。

金具をつなぐ

6. 5のメタルパーツのワイヤー部分に丸カンを通し、4の石座のカンとつなぐ。キャッチをセットして使用する。もう片耳分も同様に作る。

完成サイズ：長さ2.5cm

使用する材料

- A 無穴パール（ラウンド・3mm・ホワイト） — 8個
- B メタルパーツ（ワイヤーボール・2cm・ゴールド） — 2個
- C レジン着色液（ブラック） — 適量
- D 石座（カンつきスクエア・9×12mm・ゴールド） — 2個
- E 丸カン（0.7×3mm・ゴールド） — 2個
- F ピアス金具（平皿・3mm・ゴールド） — 1セット
- G UVレジン（ハード） — 適量

使用する道具

UVライト／シリコンモールド（スクエアビジュー）／つまようじ／クリアファイル／平やっとこ／ピンセット／デザインカッター

※UVレジンの硬化時間は4〜5分が目安。

memo　ワイヤーボールはビーズショップで販売されています。お好みの密度や大きさのものを選んでください。

07 あじさいのピアス＆ネックレス

⇨ P.145

=== ピアス ===

パーツを固める

B ドライフラワー b
A ドライフラワー a
F UVレジン

1

ドライフラワー a、b すべてに筆でUVレジンを薄く塗り、UVライトを照射して硬化させる。表、裏それぞれ1回ずつ固める。

↓

2

C メタルパーツ

メタルパーツにつまようじでUVレジンを塗り、1のドライフラワー a を1個配置し、固める。

↓

3

ドライフラワー b も 2 と同様に配置し、固める。

4

裏側にUVレジンを塗り、固める。メタルパーツとドライフラワーの隙間を埋めるように塗ると、安定する。

パーツをつなぐ

5

D 三角カン
E アメリカンピアス

メタルパーツとアメリカンピアスを、三角カンでつなぐ（⇨ P.180-2）。もう片耳分も同様に作る。

=== ネックレス ===

6

D 三角カン
E チェーンネックレス
C メタルパーツ

ピアスの作り方を参照し、ドライフラワーを4個配置してトップパーツを作る。メタルパーツとチェーンネックレスを三角カンでつなぐ。

完成サイズ：ピアス長さ5cm
ネックレス首回り45cm

使用する材料

[ピアス]

A ドライフラワー a
　（アジサイ・パープル）——— 2個
B ドライフラワー b
　（アジサイ・ブルー）——— 2個
C メタルパーツ（ヘキサゴン・
　10mm・ゴールド）——— 2個
D 三角カン
　（0.6×5mm・ゴールド）——— 2個
E アメリカンピアス（3cm・ゴールド）
　——— 1セット
F UVレジン（ソフト）——— 適量

[ネックレス]

A ドライフラワー a
　（アジサイ・パープル）——— 1個
B ドライフラワー b
　（アジサイ・ブルー）——— 3個
C メタルパーツ（ヘキサゴン・
　15mm・ゴールド）——— 1個
D 三角カン
　（0.8×8mm・ゴールド）——— 1個
E チェーンネックレス
　（45cm・ゴールド）——— 1個
F UVレジン（ソフト）——— 適量

使用する道具

UVライト／筆／つまようじ
クリアファイル／平やっとこ／
丸やっとこ

※UVレジンの硬化時間は4〜5分が目安。

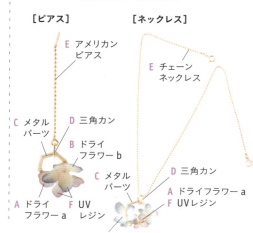

[ピアス]
E アメリカンピアス
C メタルパーツ
D 三角カン
B ドライフラワー b
A ドライフラワー a
F UVレジン

[ネックレス]
E チェーンネックレス
D 三角カン
C メタルパーツ
A ドライフラワー a
F UVレジン
B ドライフラワー b

08 揺れる花びらピアス

⇨ P.145

パーツを固める

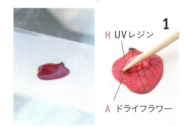

ドライフラワーの花びらをはさみで切り分け、両耳分で合計3枚用意する。花びらにつまようじでUVレジン（ソフト）を薄く塗り、UVライトを照射して固める。表、裏それぞれ1回ずつ固める。

↓

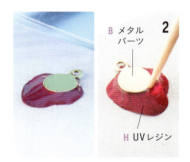

裏側にUVレジン（ソフト）を塗り、メタルパーツを貼り、固める。

↓

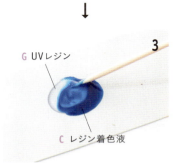

クリアファイルにUVレジン（ハード）を出し、レジン着色液を混ぜて着色レジンを作る。あまり多く混ぜると固まらないので、様子をみて混ぜていく。

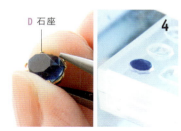

シリコンモールドがいっぱいになるまで3の着色レジンを流し込み、固める。取り出し、バリがあればデザインカッターで削る。石座にはめて、平やっとこでツメを倒して固定する（⇨ P.186-15）。

金具をつなぐ

9ピンの先を丸やっとこで丸めながら（⇨ P.180-3）、2のパーツをつなぐ。反対側はカンを開いて4の石座のカンをつなぐ。

↓

石座の裏側にレジンを塗り、ピアス金具の皿部分をつけて硬化させる。皿部分がUVレジンで埋まるくらい多めに塗ると安定する。キャッチをセットして使用。もう片耳分も同様に作る。
※もう片耳分は、5のパーツを2個作る。

完成サイズ：モチーフ 長さ5.2㎝

使用する材料

- A ドライフラワー（アジサイ・レッド）——— 1個
- B メタルパーツ（ラウンドプレートカンつき・4mm・ゴールド）——— 3個
- C レジン着色液（ブルー）— 適量
- D 石座（カンつきオーバル・7×9mm・ゴールド）——— 2個
- E 9ピン（0.7×35mm・ゴールド）——— 3本
- F ピアス金具（平皿・3mm・ゴールド）- 1セット
- G UVレジン（ハード）——— 適量
- H UVレジン（ソフト）——— 適量

使用する道具

UVライト／シリコンモールド（オーバルビジュー）／つまようじ／クリアファイル／平やっとこ／丸やっとこ／はさみ／デザインカッター

※UVレジンの硬化時間は4〜5分が目安。

memo　ドライフラワーをUVレジンで固めたら、退色などを防ぐために日光や熱源の近くを避けて保存するようにしてください。

HANDMADE ACCESSORIES LESSON BOOK

LESSON → 9

自由な形の 粘土モチーフ アクセ

いろんな種類があって、質感を楽しめる粘土アクセ。自分の好きなモチーフを作ってみて。

01 100分 [焼く] [貼る]

小鳥のブローチ

風にのってやってきた鳥は
渋いカラーで大人らしく。
ゴールドのアクリル絵の具で
おめかしして。

HOW TO MAKE P.158

LESSON ⑨ 自由な形の粘土モチーフアクセ ／ ネックレス ／ ピアス・イヤリング ／ ブレスレット ／ リング ／ ヘアアクセサリー ／ ブローチ

02 ⏲ 100分 焼く つなぐ

桜色のイヤリング

軽やかな淡い春が
顔周りを桜色に染める。
小さな花びらを集めたようなイヤリング。

HOW TO MAKE **P.159**

03 ⏲ 100分 焼く つなぐ 貼る

白い花のピアス

爽やかな白い花のピアスは
キャッチに葉っぱを添えて。

HOW TO MAKE **P.160**

04 ⏲ 100分 焼く 貼る

赤い花のヘアゴム

インパクトのある赤い花は
ていねいに作った花弁がポイント。

HOW TO MAKE **P.162**

04

03

05 ⏱ 120分 [焼く] [貼る]

モザイクバレッタ

うっすら見えるモザイク柄に
スワロフスキーを添えて豪華に。
軽やかなパステルカラーが
アクセントとなり、髪をやさしく飾る。

HOW TO MAKE P.163-165

LESSON ⑨ 自由な形の粘土モチーフアクセ

ネックレス　ピアス・イヤリング　ブレスレット　リング　ヘアアクセサリー　ブローチ

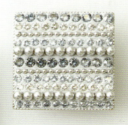

06　⏱ 60分　固める

スワロフスキーのペンダントトップ

キラキラなのにどこか上品なのは
小さなパールを取り入れてるから。
平行に並べて美しく。

HOW TO MAKE　P.168

07　⏱ 60分　固める

北欧風三角ヘアゴム

正三角形の黄色いモチーフが
ヘアアレンジのワンポイントに。

HOW TO MAKE　P.166

08　⏱ 60分　固める

三角ボーダーの小さめブローチ

可愛い三角のモチーフは
ネイビーのボーダーで爽やかに。

HOW TO MAKE　P.167

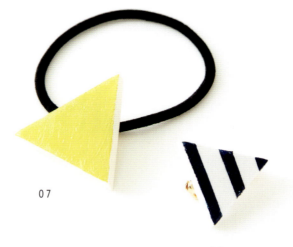

07

08

01 小鳥のブローチ

⇨ P.154

モチーフを作る

ポリマークレイをよくこね、タイルにのせてめん棒で厚さ2mmにのばす。

↓

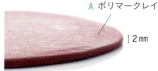

型紙をコピーしてはさみで切り、1の上に置く。デザインカッターで型紙に沿ってポリマークレイをカットする。余分はカッターの刃などを使って取り除く。

↓

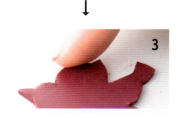

カットした後、角を指の腹で軽くなでつけ、輪郭をなめらかにする。

モチーフを焼く

つまようじで羽などに模様を描く。目の位置にフィモリキッドを垂らしてスワロフスキーを置き、つまようじの頭を当ててまっすぐに押し込む。タイルごと110℃のオーブンで20分焼く。

↓

完全に冷めたら、4で描いた線につまようじを使ってアクリル絵の具を塗る。

金具を貼る

ブローチ金具の裏につまようじで接着剤を塗り、5の裏に貼る。バリがあればデザインカッターで削る。

完成サイズ：横4.6×縦3.3cm

使用する材料

[ボルドー]

A ポリマークレイ（フィモプロフェッショナル・ボルドー／23）────── 5g
B スワロフスキー（#2028・SS6・Lt.コロラドトパーズ）────── 1個
C ブローチ金具（25mm・ゴールド）────── 1個
D フィモリキッド ────── 適量
E アクリル絵の具（ゴールド）── 適量

※**[白]** はAをポリマークレイ（フィモエフェクト・ストーンカラーマーブル／003（※2017年以降廃番色））、**[青]** はAをポリマークレイ（フィモプロフェッショナル・マリンブルー／34）を使用して作る。

使用する道具

はさみ／タイル（なければ耐熱皿）
めん棒／デザインカッター
カッターの刃／つまようじ／接着剤
オーブン

[ボルドー]

[白] **[青]**

実物大型紙

※ポリマークレイは樹脂粘土の一種です。扱い方と焼き時間は、商品の注意書きに準ずること。

---

memo　タイルはホームセンターで手頃な価格で手に入ります。

02 桜色のイヤリング

⇨ P.155

モチーフを焼く

タイルごと110℃のオーブンで20分焼く。

↓

完全に冷めたら、パーツの端にピンバイスで穴をあける。16枚すべてにあけ、バリがあればデザインカッターで削る。

パーツをつなぐ

5であけた穴に丸カンaをつなぐ。8枚すべてにつないだら、丸カンbにつなぎ、さらにイヤリング金具をつなぐ。もう片耳分も同様に作る。

モチーフを作る

A ポリマークレイa
B ポリマークレイb

マーブル状にこねる

ポリマークレイaを半分に分け、片方にポリマークレイbを加えてよくこねる。もう半分はそのままよくこねる。こねた2種類をさらに合わせ、マーブル状になるように軽くこねる。

↓

1mm

タイルにのせてめん棒で厚さ1mmにのばす。

↓

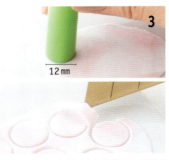

12mm

ペンのキャップなどを利用して直径12mmの円を抜く。合計16枚(両耳分)作る。円のパーツには触れず、余分をカッターの刃などを使って取り除く。

完成サイズ：モチーフ長さ1.4cm

使用する材料

A ポリマークレイa
  （フィモエフェクト・
  半透明ホワイト／014）── 8g
B ポリマークレイb
  （フィモエフェクト・
  半透明レッド／204）── 0.2g
C 丸カンa（0.7×4mm・ゴールド）
  ── 22個
D 丸カンb（1.2×7mm・ゴールド）
  ── 2個
E イヤリング金具（ねじバネ式
  カンつき・ゴールド）── 1個

使用する道具

平やっとこ／丸やっとこ
タイル（なければ耐熱皿）
めん棒／カッターの刃／ピンバイス
ペンのキャップ（直径12mm）
オーブン／デザインカッター

E イヤリング金具
C 丸カンa
D 丸カンb
A ポリマークレイa
B ポリマークレイb

※ポリマークレイは樹脂粘土の一種です。扱い方と焼き時間は、商品の注意書きに準ずること。

memo　きれいなマーブル模様を作るために、プロセス1で、ポリマークレイをこねすぎないように注意しましょう。

03 白い花のピアス

⇨ P.155

> モチーフを作る

1

ポリマークレイを混ぜてよくこね、色を作る。花びらはホワイト4gとシャンパーニュ1.5gを混ぜる。花芯aはホワイト1gとリーフグリーン1.6gを混ぜる。花芯bはシャンパーニュ0.5gとピュアイエロー0.1gを混ぜる。葉はホワイト0.5gとリーフグリーン0.1gを混ぜる。

↓

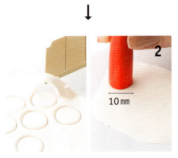

2

花びらのポリマークレイをタイルにのせてめん棒で厚さ1mmにのばし、ペンのキャップなどを利用して直径10mmの円を抜く。合計6枚(両耳分)作る。円のパーツには触れず、余分をカッターの刃などを使って取り除く。

↓

3

2のパーツとタイルの間にカッターの刃をスライドさせてパーツを持ち上げ、3枚を写真のように約3mm重ねて花を作る。

4

3の花を手に取り、細工棒を押し当てて中心にくぼみを作る。

↓

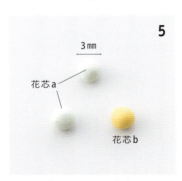

5

花芯のポリマークレイを丸めて、直径3mmの球にする。花芯aで4個、花芯bで2個(両耳分)作る。

↓

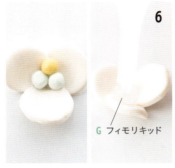

6

4で作った花のくぼみにフィモリキッドを流し入れ、5の花芯の球を写真のように配置する。

完成サイズ：縦1.6×横1.8cm

使用する材料

- **A** ポリマークレイa
  (フィモプロフェッショナル・ホワイト／0) ── 5.5g
- **B** ポリマークレイb
  (フィモプロフェッショナル・シャンパーニュ／02) ── 2g
- **C** ポリマークレイc
  (フィモプロフェッショナル・トゥルーイエロー／100) ── 0.1g
- **D** ポリマークレイd
  (フィモプロフェッショナル・リーフグリーン／57) ── 1.7g
- **E** 丸カン(0.5×3.5mm・ゴールド) ── 4個
- **F** ピアス金具(芯立て・ゴールド) ── 1セット
- **G** フィモリキッド ── 適量

使用する道具

平やっとこ／丸やっとこ
タイル(なければ耐熱皿)
めん棒／細工棒または、ビー玉くらいの球／ヘラ／カッターの刃
つまようじ／ピンバイス
ペンのキャップ(直径10mm)
接着剤／オーブン／はさみ
デザインカッター

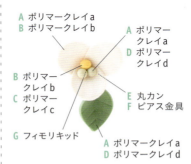

- **A** ポリマークレイa
- **B** ポリマークレイb
- **A** ポリマークレイa
- **D** ポリマークレイd
- **B** ポリマークレイb
- **C** ポリマークレイc
- **E** 丸カン
- **F** ピアス金具
- **G** フィモリキッド
- **A** ポリマークレイa
- **D** ポリマークレイd

実物大型紙

※ポリマークレイは樹脂粘土の一種です。扱い方と焼き時間は、商品の注意書きに準ずること。

モチーフを焼く

7

型紙をコピーして、はさみで切る。

↓

8

葉のポリマークレイをタイルにのせ、めん棒で厚さ1mmにのばす。型紙を上に置き、デザインカッターで型紙に沿ってカットする。余分はカッターの刃などを使って取り除く。

↓

9

型紙を外し、ヘラで葉脈を描く。

10

同様にして両耳分作り（写真は片耳分）、タイルごと110℃のオーブンで20分焼く。

仕上げる

11

完全に冷めたら、花の裏側と葉の上部にピンバイスで穴をあける。

金具をつなぐ

12

F ピアス金具（キャッチ）
E 丸カン

葉に丸カンでピアス金具のキャッチをつなぐ。

金具を貼る

13

F ピアス金具

ピアス金具につまようじで接着剤を塗る。芯までしっかりと塗ること。

↓

14

11であけた花の穴に、ピアス金具の芯を差し込み、接着する。

↓

15

12のキャッチと組み合わせて使う。もう片耳方も同様に作る。

04　赤い花のヘアゴム

⇨ P.155

モチーフを作る

1

A ポリマークレイa

3mm　7mm

花芯を作る。ポリマークレイaをよくこねて丸め、直径3mmの球を6個と、7mmの球を1個作る。

↓

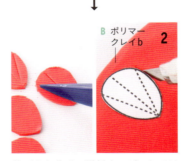

2

B ポリマークレイb

花びらを作る。型紙をコピーしてはさみで切る。ポリマークレイbをよくこね、タイルにのせてめん棒で厚さ1mmにのばし、デザインカッターで型紙に沿ってカットする。余分はカッターの刃などを使って取り除く。型紙を外し、花びらにヘラで模様を描く。

↓

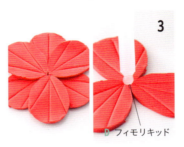

3

D フィモリキッド

2の花びらとタイルの間にカッターの刃をスライドさせて持ち上げ、3枚を写真のように重ねず配置する。中心にフィモリキッドを垂らし、さらに3枚をずらして重ねる。

4

3の花の中心に細工棒を押し当て、くぼみを作る。フィモリキッドを塗り、1の花芯を写真のように配置する。

モチーフを焼く

5

花びらの縁を少しだけ指先で持ち上げる。タイルごと110℃のオーブンで20分焼く。

金具をつける

6

C ヘアゴム金具

完全に冷めたら、ヘアゴム金具の皿につまようじで接着剤を塗り、花の裏に貼る。

完成サイズ：モチーフ直径4cm

使用する材料

A ポリマークレイa
（フィモエフェクト・パールブラック／907）―― 1g
B ポリマークレイb
（フィモプロフェッショナル・カーマイン／29）―― 8g
C ヘアゴム金具（皿付き・12mm・ゴールド）―― 1個
D フィモリキッド ―― 適量

使用する道具

タイル（なければ耐熱皿）
めん棒／細工棒またはビー玉くらいの大きさの球／ヘラ
カッターの刃／つまようじ／接着剤
オーブン／デザインカッター

A ポリマークレイa
D フィモリキッド　C ヘアゴム金具
B ポリマークレイb

実物大型紙

※ポリマークレイは樹脂粘土の一種です。扱い方と焼き時間は、商品の注意書きに準ずること。

memo　多様な色合いが人気のポリマークレイ。セットで購入して、様々な色合わせを楽しむのもおすすめです。

LESSON ⑨ 自由な形の粘土モチーフアクセ

05 モザイクバレッタ

⇨ P.156

パーツを作る

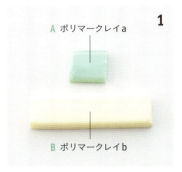
1
A ポリマークレイa
B ポリマークレイb

土台の色を作る。ポリマークレイaとbを混ぜ、よくこねる。

↓

2
A ポリマークレイa
B ポリマークレイb

1をタイルにのせて、めん棒で平らにのばす。

↓

3
3mm

厚さ3mmの長方形になるまでのばす。

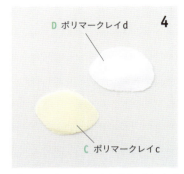
4
D ポリマークレイd
C ポリマークレイc

ポリマークレイc、dをそれぞれよくこね、タイルにのせてめん棒で厚さ0.8mmにのばす。

↓

5
5mm
5mm

4をデザインカッターで5mmの正方形に小さく刻む。

↓

6

カッターの刃などを使って持ち上げ、3の土台の上に自由に配置し、モザイク模様を作る。

← P.164 へつづく

完成サイズ:
モチーフ縦1.5×横7cm

使用する材料
[グリーン]

- A ポリマークレイa
  (フィモエフェクト・ジェイド／506) ——— 3g
- B ポリマークレイb
  (フィモエフェクト・シトリン／106) ——— 8g
- C ポリマークレイc
  (フィモエフェクト・シトリン／106) ——— 0.8g
- D ポリマークレイd
  (フィモエフェクト・グリッターホワイト／052) ——— 0.8g
- E スワロフスキーa (#2028・SS4・クリスタル) ——— 1個
- F スワロフスキーb (#2028・SS6・Lt.コロラドトパーズ) ——— 1個
- G バレッタ金具 (60×7.5mm・シルバー) ——— 1個
- H フィモリキッド ——— 適量
- I アクリル絵の具 (ゴールド) ——— 適量

※[ピンク]を作る場合は、Aをポリマークレイa (フィモエフェクト・半透明ホワイト／014)8g、Bをポリマークレイb(フィモエフェクト・半透明レッド／204)0.2gに変えて作る。

使用する道具

タイル (なければ耐熱皿)
めん棒／ヘラ／カッターの刃
つまようじ／オーブンペーパー
接着剤／オーブン／はさみ

※ポリマークレイは樹脂粘土の一種です。扱い方と焼き時間は、商品の注意書きに準ずること。

7

6の上にオーブンペーパーをのせ、めん棒を軽くかけてモザイク模様をなじませる。

↓

8

モザイク模様がしっかりなじんだところ。

↓

9

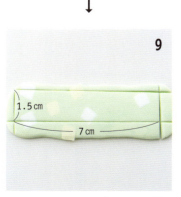

カッターの刃などで、縦1.5cm、横7cmの長方形にカットする。余分は取り除く。

10

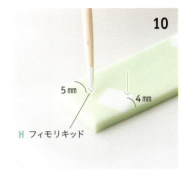

写真の位置につまようじでフィモリキッドを少量垂らす。

↓

11

10の部分にスワロフスキーa、bをそれぞれ置き、つまようじの頭を当ててまっすぐに押し込む。

↓

12

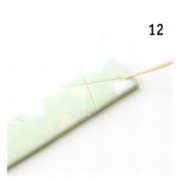

P.163の全体写真を参照し、11につまようじで線をひっかくようにして2本描く。

13

つまようじの先を0.5cmほどはさみでカットする。

↓

14

13のつまようじをポリマークレイに押し当て、ドット模様と線を描く。

↓

15

ポリマークレイとタイルの間にカッターの刃などをスライドさせて持ち上げ、バレッタ金具のカーブに沿わせて置く。

memo プロセス9では、3mmの厚さになるようのばしましょう。余った切れ端も形成して焼き、ピアスパーツなどにしても可愛い。

LESSON ⑨ 自由な形の粘土モチーフアクセ

| ネックレス | ピアス・イヤリング | ブレスレット | リング | ヘアアクセサリー | ブローチ

モチーフを焼く

16

タイルごと、金具と一緒に110℃のオーブンで20分焼く。

↓

17

I アクリル絵の具

完全に冷めたら、**12**、**14**で描いた線とドット模様に、つまようじを使ってアクリル絵の具を塗る。

金具を貼る

18

ポリマークレイを金具からいったん外し、バレッタ金具につまようじで接着剤を塗る。

19

ポリマークレイの裏に、バレッタ金具を貼る。

[グリーン]

F スワロフスキー b
I アクリル絵の具
G バレッタ金具
A ポリマークレイ a
B ポリマークレイ b
D ポリマークレイ d
E スワロフスキー a
H フィモリキッド
C ポリマークレイ c

[ピンク]

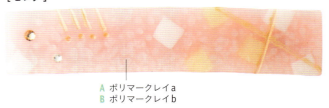

A ポリマークレイ a
B ポリマークレイ b

165　memo　プロセス**15-16**でバレッタ金具にのせたまま焼くのは、金具の形に合わせるため。この段階で接着剤は不要です。

07 北欧風三角ヘアゴム

⇨ P.157

完成サイズ：モチーフ3.5×3cm

使用する材料
A せきそ粘土 ──── 適量
B 丸カン（1.2×7mm・ゴールド）
 ──── 2個
C ヘアゴム金具 ──── 1個
D アクリル絵の具（イエロー）── 適量

使用する道具
平やっとこ／丸やっとこ／めん棒
型（正三角形、1辺3.5cm）
紙やすり／筆／ニス

モチーフを作る

1

A せきそ粘土

せきそ粘土を適量取り、手でよくこねる。めん棒で厚さ5mm程度になるまでのばす。

↓

2
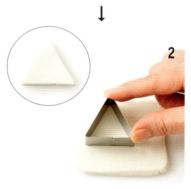

型をせきそ粘土の上に置き、押し出して三角形を抜く。このとき、側面がきれいに抜けなくてもかまわない。

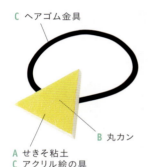
C ヘアゴム金具
B 丸カン
A せきそ粘土
C アクリル絵の具

※P.157で表記している製作時間は、粘土を乾燥させる時間を含んでいません。

モチーフを固める

3

B 丸カン

せきそ粘土が乾かないうちに、平やっとこを使って2の中央に丸カンを半分くらい差し込む。約半日かけて表面を乾燥させる。

4

D アクリル絵の具

せきそ粘土の表面が乾いたら、紙やすりで表面をきれいに整えて三角形の正面にアクリル絵の具で色を塗る。

↓

5

アクリル絵の具が完全に乾いたら、全面にニスを塗る。アクリル絵の具を塗っていない部分にもニスを塗っておく。粘土が完全に固まるまで、1〜2日間乾かす。

金具をつなぐ

6
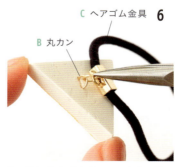
C ヘアゴム金具
B 丸カン

3で差し込んだ丸カンに、もう1個の丸カンでヘアゴム金具のカンとつなぐ。

ARRANGE

型や金具を変えて違うアクセサリーに

型のサイズやアクセサリー金具を変えれば別のアクセサリーに。モチーフをまとめて作っておくだけで、いろいろなアクセサリーを楽しむことができます。

memo　せきそ粘土を乾かすときは、プラスチック容器などに入れてふたを少しずらして置くなど、ほこりがつかないよう工夫しましょう。

08 三角ボーダーの小さめブローチ

⇨ P.157

> モチーフを固める

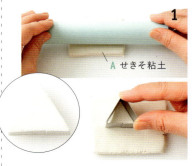

1

せきそ粘土を適量取り、手でよくこねる。めん棒で5mm程度になるまでのばし、型をせきそ粘土の上に置き、押し出して三角形を抜く。このとき、側面がきれいに抜けなくてもかまわない。

↓

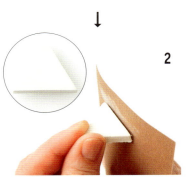

2

約半日かけてせきそ粘土の表面を乾かしたら、紙やすりで表面を整える。

> 金具を貼る

3

B ブローチ金具

ブローチ金具につまようじで接着剤を塗り、モチーフに対して縦に貼る。

4

マスキングテープを好みの太さに切ってボーダーになるようにモチーフに貼る。

↓

5

C アクリル絵の具

4の上からアクリル絵の具を塗る。

↓

6

アクリル絵の具が完全に乾いたら、全面にニスを塗る。アクリル絵の具を塗っていない部分にもニスを塗っておく。粘土が完全に固まるまで、1〜2日間乾かす。

完成サイズ：2.5×2.5cm

使用する材料
A せきそ粘土 ──── 適量
B ブローチ金具 ──── 1個
C アクリル絵の具（ネイビー）─ 適量

使用する道具
平やっとこ／丸やっとこ／めん棒
型（正三角形、1辺2.5cm）
紙やすり／接着剤
マスキングテープ／筆／ニス

A せきそ粘土
C アクリル絵の具

B ブローチ金具

※P.157で表記している製作時間は、粘土を乾燥させる時間を含んでいません。

ARRANGE

絵の具の色や柄を変えてアレンジ

ボーダーやドットなど柄で遊んだり、バイカラーのデザインも様になる三角形。小さめなら2個一緒に着けても可愛い。

memo　せきそ粘土は、完全に乾く前に使用すると割れてしまうこともあります。じっくりと時間をかけて乾かしましょう。

06 スワロフスキーのペンダントトップ

⇨ P.157

土台を作る

1

A グルー　A剤　B剤

ゴム手袋をはめて、ベース用のグルーA剤とB剤を手のひらで均一になるまでよく混ぜ合わせる。

2

F ブローチペンダント金具

ブローチペンダント金具にグルーをセットし、均一にならす。

パーツを埋める

3

G ボールチェーン　12mm　10mm　10mm

ボールチェーンを金具の端から10mmのところに配置し、余分をニッパーでカットする。同様に、そこから12mmあけたところにもう1本配置する。

4

D スワロフスキー c

デコ用ピックを使ってスワロフスキーcを配置していく。ピックでグルーに軽く押し込み、表面が平らになるように埋め込む。

5

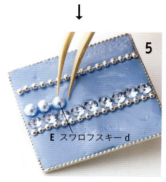

E スワロフスキー d

スワロフスキーeはピンセットで配置し、半分くらいまで埋め込む。

グルーを固める

6

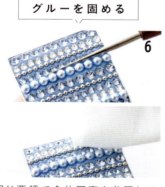

同じ要領で全体写真を参照して、全面を埋めたら、グルーが固まる前に目打ちでビーズの列を整える。アルコールウェットティッシュで表面についた余分なグルーをふき取り、完全に固まるまで置いておく。

完成サイズ：モチーフ3cm

使用する材料

[ブルー]

- A グルー（ライトサファイア）
  ── A剤1.8g、B剤1.8g
- B スワロフスキーa（#1028・PP18・クリスタル）── 24個
- C スワロフスキーb（#1028・PP18・Lt.サファイア）── 33個
- D スワロフスキーc（#1028・PP24・Lt.サファイア）── 18個
- E スワロフスキーd（#5810・3mm・Lt.サファイア）── 20個
- F ブローチペンダント金具（30mm・スクエア・シルバー）── 1個
- G ボールチェーン（1.5mm・シルバー）
  ── 6cm×1本

※[グレー]を作る場合、Aをライトピンク、Cをアクアマリン、Eをライトグレーにして作る。

使用する道具

ニッパー／ゴム手袋／アルコールウェットティッシュ／デコ用ピック／ピンセット／目打ち／アルコールウェットティッシュ

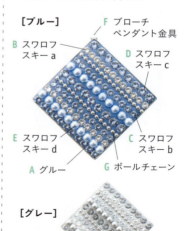

[ブルー]
F ブローチペンダント金具
B スワロフスキーa
D スワロフスキーc
E スワロフスキーd
C スワロフスキーb
A グルー
G ボールチェーン

[グレー]

※グルーの扱い方と硬化時間は、商品の注意書きに準ずること。

memo　グルー（フェリド・グルー）とは、ストーンなどが接着できる粘土状の素材。プラスチックのような仕上がりになり、強度もあります。

LESSON 10

BASIC GUIDE
基本の道具・材料・テクニック

アクセサリーを作る前に知っておきたい基礎知識、
用意しておきたい道具と材料、基本テクニックを紹介。

アクセサリー作りの基本は10種類

本書に登場するテクニックは大きく分けて以下の10種類。作業工程の基本を身につければ、どんなアクセサリーにも対応できるから、しっかり練習しましょう。

貼る
接着剤を塗って、パーツを貼りつけたり、素材同士を貼り合わせたり。初心者向けの一番かんたんなテクニック。

通す
2つ穴のあいたビーズなどに、テグスやワイヤー、糸などに通すこと。

つなぐ
パーツ同士を丸カンやCカンでつなげていく。平やっとこと丸やっとこをうまく使いこなせるかがポイント。

縫う
針と糸を使った技法。リボンや布素材を使ったアクセサリーを作るときに。

編む テグス・ワイヤーなど
テグスやワイヤーにビーズなどを通し、シャワー台に留めつけていく。

編む ひも・コード リボンなど
複数のひもやリボンを交差させて編みつけていく技法。ビーズなどを絡めることも。

焼く
粘土を使った作品のときに。オーブンで焼いてモチーフを固める。

固める
レジン液を垂らしてUVライトを照射すると、パーツや素材、ビーズをその位置で固めることができる。

結ぶ
複数のひもやコードを交差させて結んでいく技法。様々な種類の結び方があり、仕上がりも変わる。

巻きつける
丸やっとこなどを使って、ワイヤーをパーツに巻きつける。丸やっとこの丸みを活かしてうまくカーブさせて。

BASIC TOOLS
そろえておくべき基本の道具

アクセサリー作りに必要な道具はたったこれだけ。
まずは道具をそろえることがアクセサリーをきれいに作るための第一歩です。

平やっとこ

丸カンやCカンなどのカン類の開閉、ボールチップを閉じたりカシメ玉をつぶすのに適している。カン類の開閉には平やっとこが2本必要だが、1本は丸やっとこでも代用できる。

先はこんな感じ！ 先が平たくなっていて、金具をはさむのに適している。

こんなときに使う！  主に丸カンなどの開閉に使用する。

丸やっとこ

9ピンやTピンなどを丸めるときに使用する工具。アクセサリーを作るときには必ず使うものなので、1本は持っておくこと。丸カンやCカンの開閉に使うことも可。

先はこんな感じ！ 先が細く丸くなっていて、細かい作業をするのに適している。

こんなときに使う！  主にピン類を丸めるときに使用する。

ニッパー

はさみでは切れないものを切るときに使用する。ピン類を切ったり、チェーンを軽い力で切ることができる。

先はこんな感じ！ 太い刃がついていて、バネの力で金具を切る。

こんなときに使う！  アーティスティックワイヤーやコードなど、ひもを切るときに。

目打ち

細かい箇所の作業に便利な工具。ひもの結びめを作るとき、ビーズの穴に入ったゴミを取るときにも使える。

先はこんな感じ！  先が細く尖っていて、ビーズの穴を広げることができる。

こんなときに使う！  チェーンの穴を広げるときなどにも使用する。

LESSON ⑩ 基本の道具・材料・テクニック

はさみ、カッター
テグスや刺繍糸、型紙などを切るときに使用する。テグスや糸は小さいはさみで、型紙を作ったりするときは大きめのはさみ、カッターを使うと◎。

つまようじ
接着剤を先端、または根元につけ、貼りたいパーツや金具につけて接着剤をのばすときに使用する。

ビーズ用接着剤　　多用途接着剤

接着剤
パーツを固定するのに使用する。様々な種類があるので、用途に合わせて選ぶこと。ビーズ用接着剤は先端が細くなっているので、パーツ内に接着剤を流し込むのに便利。多用途接着剤は乾くのが早く、作業中に固定したパーツがずれにくい。

定規
チェーンの長さを計ったり、布の大きさを計ったりするのに使用する。メジャーでも代用可。

ピンセット
細かい作業をするのに便利な工具。ガラスドームの中にビーズを入れたり、ストーンでデコをほどこすことなどに使用する。

ステッチ針
糸を使ってビーズを編むときに使用する、通常より長めの針。ビーズステッチ糸やモノコード、ファイヤーラインなどを一緒に使う。

あったら便利な道具

ビーズトレイ
アクセサリーを作る際、必要な材料を出しておくトレイ。使う材料はあらかじめ必要個数を出しておくと、作業がしやすい。材料も散らばったり転がったりしないので便利。

パーツケース
ビーズやパーツ、作ったアクセサリーを収納するプラスチック製のケース。よく使う基礎金具などはまとめてしまっておくと、パーツをいちいち探す手間が省ける。

ビーズマット
ふかふかしたマット。ビーズをのせても転がらないのでビーズに傷がつかない。ビーズを手に取らずに針に通し入れることができるので、針と糸を使った作品を作るときはとても便利。

BASIC MATERIALS

この本に登場する基本の材料

この本で使用しているアクセサリーの材料を紹介。
どれも全国の手芸店やビーズショップなどで購入できるものばかり。

―――――――――――――――――――――― **メインになる素材**

パール

樹脂やコットン、アクリル、プラスチックなど、素材によってたくさんの種類がある。シンプルでかんたんな作りでもデザイン性のある、上品な仕上がりに。

アクリルビーズ

アクリル素材でできたビーズのことをいう。チェコビーズと同様、さまざまな色や形がある。通すだけや、つなげて作るアクセサリーにぴったりのアイテム。

チェコビーズ

高いビーズ加工技術をもつチェコ共和国で作られたビーズの総称。形が個性的で、色や素材の種類も豊富。テグスで編んだりモチーフを作ったりとアレンジを楽しめる。

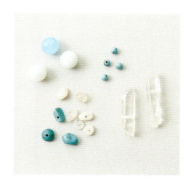

天然石

半貴石(はんきせき)などと呼ばれることも。ラウンド、サザレ、ボタンカットなど様々な形があり、同じパーツでも細部の色味などが少しずつ違うので選ぶのも楽しみのひとつ。

スワロフスキー・クリスタル

スワロフスキー社が生産しているクリスタルの総称。1個つけるだけで豪華に見える。石座にセットして金具に貼りつけるもの、穴のあいたビーズタイプのものなど様々。

メタルパーツ

シンプルデザインのアクセントになるメタル素材のパーツ。かんたんアクセサリーのスパイスとして、パールやスワロフスキーとうまく組み合わせて使ってみて。

LESSON ⑩ 基本の道具・材料・テクニック

メタルビーズ

形も大きさも様々なメタル素材のビーズ作品をスタイリッシュなテイストに仕上げてくれる。通すだけ、つなげるだけのシンプルなアクセサリーで使うことが多い。

チャーム

星や花などモチーフの上部にカンがついているパーツのこと。丸カンやCカンで金具とつなげてぶらさげたり、ひもやリボンに直接通して使うこともできる。

座金(ざがね)

ビーズの上下や両脇につける飾りのこと。ビーズの大きさや色みに合わせて座金のサイズや形を選ぶと違和感なく組み合わせることができる。

シードビーズ

粒のように小さいビーズのこと。形や大きさによって名称が異なり、丸小ビーズのほかに丸大・特大・特小、細長い竹ビーズなどがある。

ラインストーン

穴つきの石座にセットされているクリスタルのこと。ピアスやリング金具などのシャワー台にパーツを編みつけるときの飾りとしてよく使用される。

ダイヤレーン

ラインストーンがつながったようなチェーン。ニッパーで好きな長さに切ってぶらさげたり、大粒ビジューの周りに貼りつけたりできる。

リボン

ベルベットリボンやサテンリボン、シルクリボンのほか、伸縮するゴム製のものも。カラーの種類も様々なので、個性を出せるアイテム。

コード、糸

革ひもやシルクコード、サテンコードなど用途によって使い分けて。編んでブレスレットにしたり、オリジナルのタッセルパーツを作ることもできる。

フェザー

キジやキンケイなどの鳥の羽根をパーツにしたもの。大きさや柄が一つひとつ違うのが特徴。カシメ留め金具をフェザーの先端にセットして使用して。

基礎金具

ボールチップ、カシメ玉

テグスやナイロンコートワイヤーの先端に通す留め金具のこと。カシメ玉を通してニッパーでつぶし、上からボールチップをかぶせるだけでOK。金具などとつなげることができる。

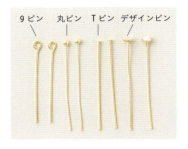

ピン類

棒状の部分に必要なビーズを通し、先端を丸やっとこで丸めればパーツの完成。Tピン、9ピン、丸ピン、デザインピンなどがあり、長さや太さもいろいろな種類がある。

カン類

パーツやチャームなどをつなぐための金具。やっとこで開閉して使用する。丸カン、Cカン、三角カン、デザインカンなど種類も様々。

マンテル

ネックレスやブレスレットの両端につく金具。大ぶりのビーズをつなげて作るアクセサリーにつけることが多い。マンテルリングの穴の中にマンテルバーを入れて完成。

引き輪、カニカン、アジャスター

ネックレスやブレスレットのチェーンの両端につく金具。引き輪、カニカンをアジャスターにつなげて完成。アジャスターの位置で長さを調節することができる。

エンドパーツ

コードやリボン、フェザーなどの先端につけてパーツを作るための金具。アイテムを金具にはさんで、その部分をニッパーでつぶせばパーツのでき上がり。

石座

スワロフスキーなどをはめる金具。大きさや形によって専用の金具があり、四方のツメを平やっとこで倒して固定させる。穴があいているため、テグスなどでモチーフを編むときに使う。

チェーン

主にネックレスに使用。チェーン金具のデザインは細かいものから大ぶりのものまであるので用途によって使いわけて。デザイン性のあるチェーンなら個性を出すことができる。

LESSON ⑩ 基本の道具・材料・テクニック

ヘアアクセ金具

ヘアゴム、バレッタ金具、コームなど。つけるモチーフのデザインや技法によって金具を選んで。ゴールドだと可愛く、シルバーだとクールな仕上がりに。

ブローチ金具

ピアス金具と同様、モチーフを貼りつけるものや、カンがついていて吊り下げられるものなど形は様々。ワイヤーやテグスで編みつけられる穴があいているものも。

ピアス金具

ビーズを貼る丸皿がついたものや、カンつきでモチーフを吊り下げられるもの、U字フックタイプなど、デザインに合わせて金具を変えて楽しんで。

CHECK

シャワー台がついた金具って？

シャワー台とは、ビーズを編むための穴が数個あいた台のこと。本体にはめて、ツメを倒して固定させることができる。

リング金具

本書では、スワロフスキーやパールなどを貼りつける専用のものが多く登場する。金具のデザインに合わせて、貼りつけるパーツを選んでいく。

イヤリング金具

ネジやカン、芯立つき、シンプルなバネ式のものなど種類豊富。シリコンカバーつきのものだと、耳を傷めないので安心。

ワイヤー、糸類

ビーズステッチ糸

ナイロンやポリエステルでできていて色や太さも様々な種類がある。

ナイロンコートワイヤー

表面がナイロンでコーティングされている。テグスよりも丈夫。

グリフィンコード

アクセサリー作り専用のコード。主にネックレスやブレスレットを作るときに使用する。先端に針がついている。

テグス

ビーズを通したり編んだりするときに使う。本書では主に2号や3号を使用。AWよりもやわらかく、扱いやすい。

アーティスティックワイヤー

本書の「使用する材料」ではAWと略記。真鍮線にポリウレタン加工を施したワイヤーで、号数が大きいほど細くなる。

プラバンアクセサリーを作る材料と道具

＼ プラバンって？？ ／

プラスチックの透明の板に好きな柄を描き、オーブントースターで焼いて縮めてパーツとして使う素材。子どもはもちろん、大人も楽しめます。

オーブントースター

プラバンを焼くときに使用する。温度調節ができる場合、160℃に設定するとうまく焼くことができる。

プラバン

透明のプラバンが一般的だが、白色のプラバンなどもある。本書ではプリントタイプのプラバンも使用している。

クッキングシート

プラバンをオーブントースターで焼くときや、プラバンを平らに固めるときに使用する。

軍手

焼いたばかりのプラバンをトースターから出すときに使用する。決して素手で触らず、火傷に注意すること。

油性ペン、ポスターカラー

油性ペンは型をプラバンに描き写すとき、ポスターカラーは焼く前のプラバンの着色に使用する。

はさみ・カッター

焼く前のプラバンを切るときに使用する。大きい部分ははさみで、細かい部分はカッターで切るときれいに仕上がる。

CHECK
焼き上がったプラバンは重しをして押さえて平らに

プラバンをオーブントースターから出してすぐに、クッキングシートに挟んで重しまたは厚い本をのせプラバンを固めます。冷たい空気に触れるとすぐ固まってしまうので、冷めないうちにするのがポイント。

紙やすり

透明なプラバンにやすりをかけると、ガラス素材のようになる。プラバンに色鉛筆で色を塗る前などに使う。

水溶性ニス（ツヤ出し／ツヤ消し）

にじみにくい水溶性ニスでの加工がおすすめ。ツヤを出してくれるものと、マットな仕上がりになるものがある。

レジンアクセサリーを作る材料と道具

＼ レジンって？？ ／

レジンとは樹脂のこと。UVライト照射器を使って固める。レジン液を使用すれば、ビーズやドライフラワーを枠の中に入れて閉じ込めたり、シリコンモールドで様々な形に固めることができます。

ソフトレジン

少し粘着性のある液体で、仕上がりはハードレジンよりもやわらかい。本書ではドライフラワーを加工するときに使用している。

ハードレジン

透明度が高く、さらりとしていて型に流し込みやすい。パーツやアクセサリーの形成などに使用する。仕上がりは固く、プラスチックのよう。

デザインカッター

レジンをシリコンモールドから取り出した際、バリがあればデザインカッターで切り取るときれいに仕上がる。

マスキングテープ

底がないパーツにレジン液を流し込むときに使用する。レジン液が固まれば、かんたんにはがすことができる。

UVライト照射器

UVライトでレジン液を固める照射器。内蔵されているライトが多いほど、固まるのが早い。本書ではコンパクトなサイズを使用。

シリコンモールド

レジン液を流し込み、形成できるシリコン製の型。丸や三角、四角など、さまざまな形、サイズがある。

CHECK

パーツを固めるだけでなく接着剤としても使える

レジン液は、パーツ同士を接着したいときに使うこともできます。使用方法は、貼りたい位置にレジン液を塗ってUVライト照射器に入れるだけ。本書のLESSON4では、パーツと金具を接着させる際に接着剤ではなく、この方法を使用しています。仕上がりは透明で美しく接着力もあるので、ぜひ試してみて。

粘土アクセサリーを作る道具

＼ 粘土って？？ ／

自分の好きな形に成形することができるアイテム。焼いて固めるタイプや、日を置けば固まるタイプなど様々。粘土そのものに色がついているものや、絵の具で着彩するものも。本書では3種類の粘土を使用しています。

せきそ粘土

手につきにくく、空気にさらすと固まる粘土。完全に乾くまでに1日かかるが、固まると強度が高まり、やすりなどで削ることが可能。アクリル絵の具で着色をする。手芸店などで購入可能。

グルー

デコレーションをほどこすのに便利な樹脂粘土。A剤とB剤を混ぜて使用する。スワロフスキーやダイヤレーン、チェーンなどをデコレーションする。手芸店、ビーズショップなどで購入可能。

協力：ステッドラー日本株式会社
(http://www.staedtler.co.jp)

ポリマークレイ

家庭用のオーブンで加熱して固めるタイプの粘土。本書ではステッドラー社のFIMO®を使用している。色をミックスして新しい色を作れるのも魅力。ポリマークレイ自体は100円ショップなどでも購入できる。

ヘラ

粘土に模様をつけるときに使用する。やわらかい粘土であれば、ヘラで切ることも可能。

めん棒

粘土類を平らにのばすために使う道具。細いものでも太いものでも、使いやすいほうでOK。

オーブン

ポリマークレイを焼くときに使用する。粘土の種類によって加熱時間が違うので、しっかりチェックしてから焼くこと。

タイル

ポリマークレイを焼くときに、焼きたいパーツをのせて使う。タイルの上で作業することも。ホームセンターなどで購入できる。

ピンバイス

焼いたポリマークレイに穴を開けるために使用する。穴には丸カンなどを通したりできる。

デザインカッター

ポリマークレイの形成に使用する。本書ではポリマークレイを型に沿って切るときに使う。

カッターの刃

ポリマークレイを切ったり、移動させるときに使用する。扱いには十分注意すること。

細工棒

ポリマークレイの形成に使用する。ない場合はガラスビーズなどで代用することができる。

水溶性ニス（ツヤ出し）

せきそ粘土の仕上げに使用する。絵の具がしっかり乾いたあとに塗らないとにじむので注意が必要。

紙やすり

せきそ粘土の仕上げに使用する。中目（100〜200番）、細目（200〜400番）で表面を仕上げる。

アクリル絵の具

せきそ粘土の着色に使用する。アクリル絵の具はせきそ粘土の表面が完全に乾いてから施す。

SHOP LIST

アクセサリー作りに欠かせないビーズやパーツが買えるお店を紹介。
お店によって特徴が異なるので、自分の作りたい作品に合わせて選んでみて。

1 貴和製作所　浅草橋本店

パーツの品ぞろえが豊富で、流行を取り入れたレシピの取り扱いも多数あるのが特徴。ネット販売も有。

東京都台東区浅草橋2-1-10
貴和製作所本店ビル1～4F
03-3863-5111
http://www.kiwaseisakujo.jp/shop/

2 パーツクラブ　浅草橋駅前店

パーツの品ぞろえが豊富。全国で約100店舗あるので、近所のお店を探してみて。ネット販売も有。

東京都台東区浅草橋1-9-12
03-3863-3482
http://www.partsclub.jp/

3 ビーズファクトリー　東京店

シードビーズを中心に、世界各地のビーズやパーツがたくさん。キットも多数。ネット販売も有。

東京都台東区浅草橋4-10-8
03-5833-5256
http://www.beadsfactory.co.jp/

4 ビーズラウンジ　浅草橋店

世界各地の天然石を集めたお店。上質素材にこだわっており、長く使えるアイテムを提案している。

東京都台東区浅草橋1-22-2 海原ビル1F
03-5829-9868
http://beadslounge.jp

5 BROOKLYN CHARM

オリジナルのアクセサリーパーツを約3000種類取り扱っている。珍しいデザインが多いのが特徴。ネット販売も有。

東京都渋谷区神宮前4-25-10
03-3408-3511
http://www.brooklyncharm-store.jp

6 Necklace-necklace

世界中から集められたビーズやボタンのほか、タッセルやレースなどの服飾素材も豊富に取りそろえている。

東京都杉並区浜田山2-20-14
03-3290-0465
http://www.necklace-necklace.com

BASIC TECHNIQUE

基本テクニック

ビーズワークの基本的なテクニックを紹介します。

1 丸カン・Cカンの使い方

やっとこで挟んで、開いたり閉じたりしてパーツ同士をつなげる役割を果たす。

1

カン（金具やパーツをつなげるための金属の輪）の切れめを上にして、平やっとこ2本ではさむ。平やっとこと丸やっとこで挟んでもよい。

2

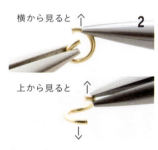

横から見ると ↑
上から見ると ↑

前後にずらすように、カンを開く。閉じるときも同様に、前後に動かして閉じる。

NG!

丸カンやCカンは横に開くと形が崩れたり、金属が摩耗して切れる原因になるので注意。

2 三角カンの使い方

ねじって開閉させる丸カン・Cカンとは違い、左右に開閉させるのが特徴。

1

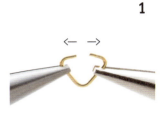

平やっとこ2本で三角カンを挟み、左右に開く。

2

三角カンにチェーンなどを通し、ビーズの穴に左右から三角カンをはめる。平やっとこで押さえてカンを閉じる。

3

三角カンでビーズをつないだところ。三角カンは平やっとこでしっかり閉じること。

3 Tピン・9ピンなどの使い方

ビーズをピンに通して、ピンの先を丸やっとこで丸めてカンを作り、パーツを作る。

1

90度

ビーズにピンを通し、ビーズの際から90度に曲げる。

2

7mm

曲げたところから7mm残して、ニッパーでカットする。

3

丸やっとこに持ちかえて手のひらを上に向け、丸やっとこでピンの先端をはさむ。手首を戻すように丸やっとこを回転させる。

[4] めがね留めの方法

ワイヤーにビーズを通して、ビーズの上下にカンを作ってパーツを作る。

1

ワイヤーを5〜10cmにカットし、先端をビーズの穴から抜けない程度の大きさに、丸やっとこで小さく丸める。

↓

2

ワイヤーにビーズを通し、ビーズの際で90度に曲げる。

↓

3

丸やっとこをワイヤーに当て、丸やっとこに沿わせるようにワイヤーを1回巻く。

4

平やっとこに持ちかえ、ワイヤーをビーズの根元に向かって2回巻きつける。

↓

5

ワイヤーが重ならないように巻きつけたら、余分なワイヤーをニッパーでカットする。

↓

6

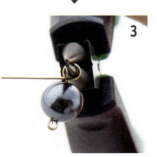

ワイヤーの切り口を、平やっとこで押さえてなじませる。

4

ピンの先を丸め、形を整える。

↓

5

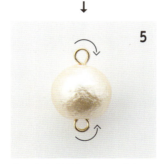

輪の向きを平やっとこで整える。基本的には、2つの輪が平行になるように丸める。

右は輪がきちんと閉じていない状態。左は輪の向きが平行になっていない。なるべく見栄えがよくなるよう平やっとこで整える。

5 チャーム留めの方法

上部だけに穴があいているビーズにワイヤーを通し、カンを作ってチャームを作る。

ワイヤーを10cmにカットし、ビーズを通す。写真のように片側を3cm残し、ワイヤーを交差させる。

↓

ワイヤー2本を平やっとこで押さえ、パーツが固定されるように3回ねじる。

↓

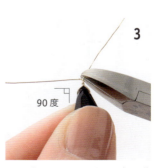

長い方のワイヤーを90度に曲げ、短いほうのワイヤーのねじった際にニッパーでカットする。

↓

丸やっとこをワイヤーに当て、丸やっとこに沿わせるようにワイヤーを1回巻く。

↓

平やっとこに持ちかえ、ねじった部分を覆うように、ワイヤーをビーズの根元に向かって3回巻きつける。余分なワイヤーをニッパーでカットする。

↓

ワイヤーの切り口を、平やっとこで押さえてなじませる。

6 チェーンのコマの広げ方

チェーンの穴が小さすぎて金具をつなげられないとき、目打ちで穴を広げる。

チェーンの1コマが小さくてカンなどが通らない場合は、広げたいコマに目打ちを差し込み、少しずつ広げる。

↓

端のコマを広げたところ。無理に広げるとチェーンが切れるため、様子を見ながら広げること。

7 パールの穴をきれいにする方法

パールの穴の回りについたごみを、目打ちで穴に入れてきれいにする。

パールビーズは穴の周りにバリがついていることがあるため、穴に目打ちでバリを押し入れ、きれいにしてから使用する。

LESSON ⑩ 基本の道具・材料・テクニック

8 ボールチップの使い方（テグス）

ビーズを通したあと、テグスの先端につけてストッパー代わりに。そのまま金具もつなげられる。

1 テグスにボールチップと捨てビーズ（丸小ビーズ）またはカシメ玉を通し、端を8cm残して捨てビーズにテグスを2回固結びする。

↓

2 8cm残したテグスを、ボールチップに通し戻す。

↓

3 捨てビーズと結びめをボールチップにおさめ、平やっとこでボールチップを閉じる。

9 ボールチップの使い方（ナイロンコートワイヤー）

テグスのときとはちがい、専用のカシメ玉をニッパーでつぶして使用する。

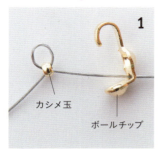

1 ナイロンコートワイヤーの端にボールチップ、カシメ玉の順に通し、ナイロンコートワイヤーをカシメ玉に通し戻す。

↓

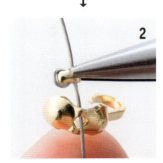

2 ナイロンコートワイヤーを引きしめ、平やっとこでカシメ玉をつぶして固定する。

↓

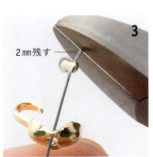

3 ナイロンコートワイヤーの端を2mm残して、ニッパーでカットする。

← P.184につづく

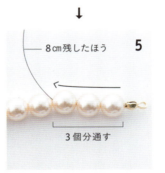

4 ボールチップの先端を、丸やっとこで丸める。

↓

5 ビーズにテグスを通す。端のビーズ3個分にはテグスを2本通し、その先は1本を通していく。

↓

6 ビーズをすべて通したらボールチップと捨てビーズを通し、2回固結びする。隙間ができないように目打ちで結びめを押さえながら、ボールチップの中で結ぶ。5と同様にテグスをボールチップとビーズ3個に通して戻し、余分をカットする。

183

10 U字金具の使い方

ワイヤーなどを使った作品で、ビーズを通した先端に輪っかを作りたいときに。

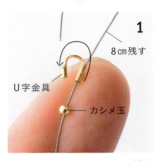

1 ナイロンコートワイヤーの端を8cm残してカシメ玉、U字金具の順に通し、カシメ玉に反対側から戻す。

↓

2 U字金具とカシメ玉に隙間ができないように、ナイロンコートワイヤーをしっかり引きしめる。

↓

3 U字金具とカシメ玉が平行に並ぶように整え、カシメ玉を平やっとこでつぶす。

4 ビーズにナイロンコートワイヤーを通す。端のビーズ3個分にはナイロンコートワイヤーを2本通し、その先は1本を通していく。

↓

5 ナイロンコートワイヤーにビーズをすべて通したら、カシメ玉、U字金具の順に通し、ナイロンコートワイヤーをカシメ玉に通し戻す。

↓

6 ビーズ3個分に通して戻し、ナイロンコートワイヤーをしっかり引きしめ、カシメ玉をつぶす。余分なナイロンコートワイヤーはビーズの際でカットする。

4 ボールチップの中にカシメ玉をおさめて、平やっとこでしっかり閉じる。

↓

5 ナイロンコートワイヤーにビーズをすべて通したら、ボールチップ、カシメ玉を順に通し、ナイロンコートワイヤーをカシメ玉に逆から通して戻す。

↓

6 目打ちでカシメ玉をボールチップの中に移動させ、しっかり引きしめる。2と同様にカシメ玉をつぶし、余分なナイロンコートワイヤーをカットしてボールチップを閉じる。

LESSON ⑩ 基本の道具・材料・テクニック

11 カシメ金具の使い方

ひもやコードの先端や羽根の根元をはさみつけてカンつきのパーツを作る。

1

カシメ金具にコードを差し込む。コードの端は金具から1mm出し、指でしっかり押さえる。

↓

2

金具の片側を平やっとこで倒す。

↓

3

逆さまに持ちかえて、金具の反対側も平やっとこで倒す。最後は、全体を平やっとこで押さえる。

12 リボン留め金具の使い方

金具などをつなげるために、リボンの両端にはさんで固定して使用する。

1

リボンの編み地を、リボン留め金具の奥まで差し込む。

↓

2

差し込んだら、平やっとこで金具全体を押さえる。

↓

3

金具をしっかり閉じ、金具からリボンが出ないようにする。金具はリボンの幅と同じものを選ぶこと。

13 ダイヤレーンの使い方

必要な長さにカットして両端にチェーンエンドをつけてパーツを作る。

1

ダイヤレーンは使用する石の際にニッパーの刃を当て、必要なコマ数をカットする。

↓

2

穴の隙間から余分な金属の破片が飛び出す場合は、ニッパーでカットする。

↓

3
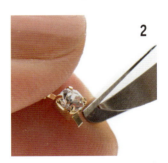
チェーンエンドをはめ、平やっとこでツメを倒す。

14 シャワー台の留め方

ビーズを編みつけたシャワー台を金具に固定させるときに。

1 イヤリングやピアスなどの金具の隣り合う2本のツメを、平やっとこで倒す。

↓

2 1で折ったツメにシャワー台をスライドさせるようにしてのせ、金具にはめる。

↓

3 残り2本のツメも平やっとこで倒す。このとき金具の裏側を平やっとこで傷つけないように、厚手のビニールシートなどを金具と平やっとこの間にはさんで作業する。

15 石座の留め方

穴のついていないスワロフスキーは、石座を留めつければビーズ仕様に。

1 ビジューを石座と平行になるようにのせ、ツメを平やっとこで1本ずつ倒す。

↓

2 すべてのツメを倒したところ。

16 接着剤の塗り方

パーツを貼りつけるときに。直接ではなく、つまようじを使用すると◎。

1 接着剤は基本的に、つまようじを使って金具に塗る。お椀型や平皿に塗る場合は、接着面全体に薄くのばす。

↓

2 乾かないうちにビーズをのせ、完全に乾かす。

芯立て金具の場合

芯にも塗る

芯立ての金具には、お椀だけでなく芯にもつまようじで薄く接着剤を塗る。

LESSON ⑩ 基本の道具・材料・テクニック

17 ひもの編み方

右輪結び

1
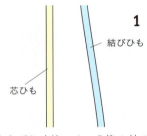
仕上がり寸法の4〜5倍の結びひもを1本芯ひもの右に置く。

2
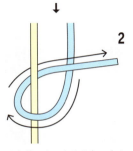
結びひもを芯ひもに右から左に向かって巻きつける。

3
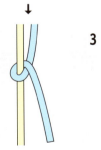
ひも端を引きしめると、輪結びが1回完成。2、3を何回もくり返す。

4
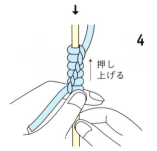
結びめが半回転したところを目安に、全体を押し上げて詰める。

平結び（左上）

1
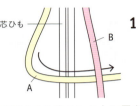
結びひもAを芯ひもの上に置き、結びひもBをのせる。

2
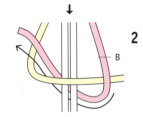
Bを芯の下にくぐらせて左の輪から手前に出す。

3
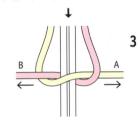
A、Bを左右に引く。ここまでで左上平結び0.5回。

4
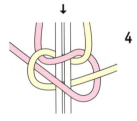
左右を逆にして1〜3をくり返す。

5
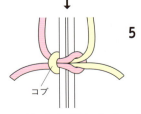
左上平結びが1回完成。「コブ」が左側にできた。

三つ編み

1
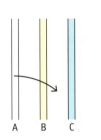
AをBの前に出して交差する。

2
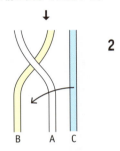
CをAの前に出して交差する。

3
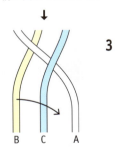
BをCの前に出して交差する。

4
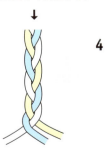
1〜3をくり返し、ときどき引きしめながら編んでいく。

焼き留め

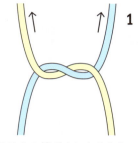

ひもの端を3〜4mm残してカットし、ひもがほつれないようにライターの火であぶる。火は直接触れないように気をつける。

※本書で指示している箇所以外での使用は危険ですのでおやめください。

本結び

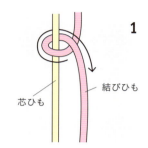

1

左のひもの端が上になるように2本のひもを交差させ、1回結ぶ。

↓

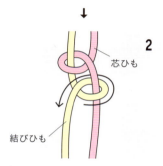

2

右のひもの端が上になるように2本のひもを交差させ、もう1回結ぶ。

↓

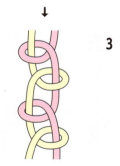

3

左右のひもの端をしっかり引いて引きしめる。

左右結び

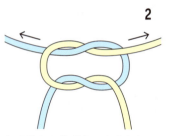

1

左を芯ひも、右を結びひもにして右輪結びを結ぶ。

↓

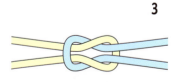

2

右を芯ひも、左を結びひもにして左輪結び(右輪結びの反対)を結ぶ。

↓

3

1〜2で左右結び1回完成。これをくり返して結んでいく。

transparent bags / *cellophane*

ビニール製の袋

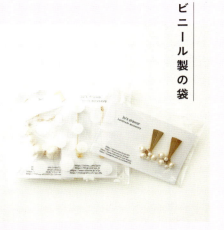

**手軽で可愛い
定番ラッピング**

袋に台紙を入れ、台紙の上にアクセサリーをオン。台紙に自分のブランド名をプリントしたり、贈る相手へのメッセージを書いても◎。

セロハン

**カラフルなセロハンと
ポップなマステが個性的**

セロハンを三角形にした、個性的なラッピング。カラーセロハンを使えば中身があまり見えないので、袋を開けるわくわく感も。気負いしない、ちょっとした贈り物にぴったり。

贈るためのラッピング術

贈り物にするときに最適なラッピング方法を4種紹介。
作品のデザインにあったものを心を込めて選んで。

箱

**特別感と世界観を演出できる
ギフトラッピング**

箱にはアクセサリーのイメージに合った包装紙を巻いて、リボンでラッピング。リボンにグリーンをはさむと、ナチュラルな印象に。

糸やひも

**リボンを糸やひもに変えるだけで
カジュアルな贈り物に**

袋にアクセサリーを入れ、糸やひもで結ぶだけ。結んだ糸やひもに、メッセージカードをはさんだり、シールを貼ったりしてデコレーションを。

gift boxes / *string*

関谷愛菜　せきやあいな

Genuineペルル エ ビジュ認定講師。「愉しいオトナ時間」をコンセプトに、講師として活動している。千葉県市川市にある自宅にて教室を開講予定。

< P.114「サテンのフリルピアス」のサテンをピンクにアレンジ

HP > http://instagram.com/hana_isi_gallery

作品 > LESSON 1-06・07、LESSON 4-02・09、LESSON 6-03〜08

内藤かおり　ないとうかおり

「アトリエSoleil」主宰。自ら買いつけているビンテージビーズを主役にした「世界でたったひとつのOnly One」をコンセプトにオリジナルアクセサリーを制作。

< P.49「パールの腕時計」の金具をシルバーにアレンジ

HP > http://lara.ocnk.net/

作品 > LESSON 1-01・03・09、LESSON 3-01・03〜08、LESSON 5-01

地下3F　ちかさんがい

愛知県立芸術大学 美術学部デザイン・工芸科卒業。デザイナーとして勤務後、独立。2015年にポリマークレイのアクセサリーブランド「地下3階」を立ち上げる。

HP > https://chica3f.shopinfo.jp/

作品 > LESSON 9-01〜05

harapecora　はらぺこら

2015年、ネット販売開始。空腹を美味しいもので満たすように、可愛いもの・楽しいもので女の子を満たしたい。そんな気持ちで愉快なアクセサリーを制作している。

HP > http://harapecora.com

作品 > LESSON 7-01〜04

坪内史子　つぼうちふみこ

教室「studio Room＊T」を主宰。作品が口コミやブログで評判となり本格的にレッスンを開始。著書に『グルーで作る大人のアクセサリー』(講談社)がある。

< P.157「スワロフスキーのペンダントトップ」の金具を円形にアレンジ

HP > http://studio-room-t.com

作品 > LESSON 9-06

miel♥moi　ミエール モワ

「女の子に生まれてよかった」とより多くの人に感じてもらいたいと考え、アクセサリー作りを始める。季節感を取り入れた、女性らしくロマンティックなデザインが人気。

作品 > LESSON 6-11

DESIGNER'S PROFILE

本書で掲載しているアクセサリーの11人のデザイナーのプロフィールを紹介。

尾田 薫 おだかおる

2012年「KAKAPO」の販売をスタート。各シーズンごとにテーマを決め、トレンドを意識しながらも独自の視点で色があふれるカラフルな作品を生みだす。

HP 〉 http://kakapofactory.tumblr.com

作品 〉 LESSON 1-02、LESSON 2-05、LESSON 4-03、05〜08、LESSON 5-02・10・11、LESSON 6-02

奥 美有紀 おくみゆき

横浜でアクセサリー教室「Beads-Yokohama」を主宰。著書に『はじめて作るビーズモチーフ』(ブティック社)などがある。

〈 P.89「しずく型のエスニックピアス」の天然石をピンクにアレンジ

HP 〉 http://ameblo.jp/m-oku/

作品 〉 LESSON 1-08、LESSON 3-02、LESSON 4-10、LESSON 5-04・05・07・08

桑原美紀 くわはらみき

ハンドメイドアクセサリーショップ「cocolo」のオーナー。海外で買いつけた石やパーツなどで、オリジナルアクセサリーを制作している。

〈 P.16「アシンメトリーのピアス」のビーズをスワロフスキーにアレンジ

HP 〉 http://instagram.com/cocoloart

作品 〉 LESSON 1-05・10〜12、LESSON 2-04、LESSON 4-04、LESSON 5-03・06・09、LESSON 6-01・09・10

奥平順子 おくだいらじゅんこ

アクセサリーブランド「Ju's drawer」主宰。ハンドメイドアクセサリーサイトで多くの支持を集め、メディアにも注目されている人気デザイナー。多方面で活躍中。

〈 P.66「天然石とメタルスティックのピアス」の天然石をエメラルドグリーンにアレンジ

HP 〉 https://minne.com/junko131/profile

作品 〉 LESSON 1-04、LESSON 2-01〜03、06・07、LESSON 4-01

GHi ジーエイチアイ

2014年からプラバンやレジンを使ったオリジナルアクセサリー作りをスタート。シンプルだけどインパクトのあるものをテーマに制作している。

〈 P.143「野球少年のピアス」のラメをシルバーにアレンジ

HP 〉 http://www.ggghiii.tumblr.com

作品 〉 LESSON 7-05・06、LESSON 8-01〜08

P.4、5（左）、110	水色のTシャツ（アウアー／アクタス）	
P.5（右）	Tシャツ（オーギュスト プレゼンテーション／エフアイティー）	
P.6	スウェットシャツ（アウアー／アクタス）	
P.7（上）	フリルブラウス（コンジェ ペイエ アデュー トリステス）	
P.12、50、90	フリルボウタイブラウス（アデュー トリステス）	
P.15、156	グレーのジャケット（アウアー／アクタス）	
P.35、36、145	ワンピース（アデュー トリステス）	
P.47	ワンピース（アウアー／アクタス） 中に着たシャツ（ニュアンス／アルファ PR）	
P.131、142	シャツワンピース（ニュアンス／アルファ PR）	
P.155	プルオーバー（コンジェ ペイエ アデュー トリステス）	

これ1冊できちんと作れる！
手作りアクセサリー LESSON BOOK

編 著	朝日新聞出版
発行者	須田 剛
発行所	朝日新聞出版 〒104-8011 東京都中央区築地 5-3-2 電話 03-5541-8996（編集） 　　 03-5540-7793（販売）
印刷所	図書印刷株式会社

© 2017 Asahi Shimbun Publications Inc.
Published in Japan
by Asahi Shimbun Publications Inc.
ISBN 978-4-02-333140-2

定価はカバーに表示してあります。
落丁・乱丁の場合は
弊社業務部（電話 03-5540-7800）へご連絡ください。
送料弊社負担にてお取り替えいたします。

本書および本書の付属物を無断で複写、
複製（コピー）、引用することは著作権法上での
例外を除き禁じられています。また代行業者等の
第三者に依頼してスキャンやデジタル化することは、
たとえ個人や家庭内の利用であっても
一切認められておりません。

※本誌に掲載している写真、作品、製図などを製品化し、
ハンドメイドマーケットやSNS・オークションでの個人売買、
ならびに実店舗、フリーマーケット、バザーなど営利目的で
使用することは著作権法で禁止されています。
個人で手作りを楽しむためにのみご使用ください。

STAFF

編集	老沼友美 石井綾香（スタジオダンク）
編集協力	相澤若菜
プロセス監修	奥美有紀
撮影	福井裕子 鈴木江実子
スタイリング	荻野玲子
ヘアメイク	西ヒロコ
モデル	花梨（エトレンヌ）
デザイン	八木孝枝（スタジオダンク） 平間杏子
DTP	北川陽子（スタジオダンク） 中島 由希子
イラスト	原山恵
校正	木串かつこ

撮影協力

アクタス　　　　　　　　　 03-5269-3207
アデュー トリステス　　　 03-6861-7658
アルファ PR　　　　　　　 03-5413-3546
AWABEES　　　　　　　　 03-5786-1600
UTUWA　　　　　　　　　 03-6447-0070
エフアイティー　　www.auguste-presentation.com
コンジェ ペイエ アデュー トリステス　03-6861-7658